ESCLAVE DE DAECH

Jinan

avec Thierry Oberlé

Esclave de Daech

Fayard

Remerciements

Thierry Oberlé tient à remercier vivement Saïd Mahmoud, interprète de Jinan et ami, sans qui ce livre n'aurait pu être écrit.
L'éditeur tient à remercier Jinan et Saïd Mahmoud pour la confiance qu'ils lui ont accordée et pour leur patience lorsque des obstacles se dressaient dans l'accomplissement du projet.

Couverture : Nicolas Wiel, Paris.
Jinan, novembre 2014 © Émilien Urbano.

ISBN : 978-2-213-68709-4

Le chacal ne déterre que les cadavres et respecte
[la vie ;
Mais le Pacha ne boit que du sang des jeunes !
Il sépare l'adolescent de sa fiancée !
Maudit soit celui qui sépare deux cœurs qui
[s'aiment !
Maudit soit le puissant qui ne connaît pas la pitié !
Le tombeau ne rendra pas les morts,
[mais l'Ange suprême entendra notre cri !

CHANSON YÉZIDIE.

Avertissement

Les prénoms des personnes prisonnières de l'État islamique – encore détenues à l'heure où le livre part sous presse –, ainsi que les noms de plusieurs localités irakiennes, ont été changés pour des raisons de sécurité.

Chapitre 1
LA SÉPARATION

« Daech attaque » — La débandade des Kurdes — Sur le chemin de l'exode — Une razzia méticuleuse — « Les hommes à gauche, les femmes à droite » — Déportée.

Cette nuit, un mauvais rêve m'est revenu. Les hommes sans figure défilaient, l'épée dans la ceinture et la kalach en bandoulière. Ils passaient dans le village. Ils étaient des milliers. Une horde de combattants sans yeux, ni nez, ni lèvres. Une armée d'ombres dans une nuit d'encre. Ils portaient des torches. La rue était un brasier sans fin et nos demeures des bûchers. Les hommes sans visage grognaient comme des ours. Ils hurlaient :

« Massacrez-les tous ! »

Ils ont franchi le seuil de notre maison de torchis pour m'abattre d'une rafale de fusil-mitrailleur.

Je me suis réveillée le cœur battant.

Une lumière pâle balaye la chambre aux rideaux ajourés. Je me retourne dans le lit, l'esprit embrouillé par mon cauchemar. Walid, mon mari, est absent depuis deux semaines. Mon amoureux est maçon sur le chantier d'un immeuble en construction à Souleimaniye, une grande cité du Kurdistan irakien entourée de montagnes.

De la cuisine s'échappe une odeur de potage aux lentilles. Ma belle-mère prépare le petit déjeuner. La maison des parents de Walid s'éveille en douceur. Nesrine, leur fille aînée, et sa fille Rezan dorment encore. Amina, la cadette, a engagé une partie de cartes sur son téléphone portable lorsque l'appareil se met à vibrer. Sa cousine Diana appelle d'un village peu éloigné du nôtre :

« Daech est entré dans le village ! Daech attaque ! »

Je m'attendais à devoir partir un jour ou l'autre dans la précipitation. Un sentiment de danger imminent m'étreignait depuis plusieurs jours et avec lui l'impression terrifiante qu'un monde allait s'effondrer : le mien. Je n'avais jamais rien ressenti de pareil. Un inéluctable cataclysme fonçait sur moi, emportant tout sur son passage.

Il faut déguerpir. Khero, le père de Walid, presse son petit monde féminin. Amsha, sa femme, se lamente dans la cuisine, j'entends le fracas d'une pile de casseroles qui tombent par terre. Je tire le kilim de laine disposé au pied de notre couche et soulève avec l'aide de Khero la dalle en ciment. Je sors de la cachette une bourse en cuir et un bas tricoté couvert d'une pellicule de poussière plâtreuse. Je les ai cousus après notre mariage pour y ranger notre trésor : environ 3 000 dollars en or et en argent. Notre fortune. Khero me bouscule. « Allons, dépêche-toi ! Ramasse-moi tout ça ! »

Nesrine s'énerve contre Rezan qui chouine. Elle hésite sur le choix des quelques affaires du bambin qu'elle veut emporter avec elle. Rezan marche à peine et commence juste à dire *dayeke*, « maman » dans notre dialecte kurde. J'aide Nesrine à dissimuler dans ses vêtements son pactole. Elle emporte 5 000 dollars. Son époux, Baktiar, n'est pas là lui non plus : il travaille comme manœuvre dans le nord-est, près de la frontière turque.

Mon beau-père nous presse. Nous avons pris des provisions : du pain, des légumes et de l'eau. Beaucoup d'eau, car la journée s'annonce torride. Il emporte sa kalach, qu'il glisse sous le siège de la voiture, et range son revolver dans la boîte à gants. Le voir l'arme à la main, la tenir par la crosse, efface mes craintes. Je ferme les yeux, respire très fort et monte dans la vieille Opel Vectra de couleur marron. En claquant machinalement la porte arrière du véhicule, j'ai la tête qui tourne. Assis à côté de moi sur les genoux de sa mère, Rezan pleurniche. C'est une enfant-éponge : elle capte l'anxiété et s'en imprègne. « Tu es pénible. Tu vas te calmer, ce n'est vraiment pas le jour », râle sa mère.

Khero fait tourner le moteur, desserre le frein à main, puis se ravise :

« Nom de Dieu, j'ai oublié les oiseaux ! Attendez-moi dans la voiture. J'en ai pour deux minutes. »

Il court jusqu'à la volière et ouvre la grille au milieu des pépiements et des bruissements d'ailes. Un oiseau bariolé quitte le perchoir pour pointer son bec de l'autre côté des barreaux, hésite, puis volette. Il va se poser sur une pierre. Il est bien le seul à tenter l'aventure. La bande des canaris ne daigne pas le suivre à l'extérieur de la cage. En tout cas, pas dans l'immédiat. Est-ce bien le moment de s'occuper d'eux ?

« Débrouillez-vous, mes amis », murmure Khero.

Les voisins ont arrimé leurs valises sur le toit de leur voiture, mais ils ne sont pas prêts. Nous partons sans eux. La rue principale est en ébullition. La nouvelle du déclenchement de l'offensive de l'État islamique a fait le tour du village, situé au pied du massif des monts Sinjar. Les villageois détalent à pied, en voiture ou massés dans les bennes des camionnettes. La panique est générale. Les plus prévoyants sont déjà partis. Les étourdis accélèrent les derniers préparatifs.

Parmi les villageois les plus pressés de s'en aller, je reconnais Bachir et Rojko. Hier encore, ils étaient déterminés à se « défendre jusqu'au bout ». C'est du moins ce qu'ils claironnaient. Ils appartiennent à la brigade de vigiles. Ils ont pris les armes pour participer à des rondes nocturnes. Des coups de feu claquaient au moindre bruit suspect durant leurs tournées. Nous ne nous alarmions pas. Dénués d'expérience, nos protecteurs tiraient au hasard, droit devant eux. Cela devait les rassurer. Et nous aussi par la même occasion. Les derniers jours, les commerçants gardaient le rideau de fer de leur boutique baissé tandis que les paysans n'allaient plus aux champs. L'activité était paralysée. Nous avions envisagé d'évacuer le village en catimini, mais le périple s'annonçait compliqué. Il fallait, pour se dégager de l'emprise de Daech, contourner les monts Sinjar et leurs sommets familiers. Notre route aurait ensuite dû faire un crochet par le Rojava, la partie syrienne du Kurdistan, avant de franchir la rivière Tigre et d'entrer au Kurdistan irakien plus au nord, à deux pas de la frontière turque. Pour qu'enfin nous trouvions refuge près de la ville de Zakho où nous avons des proches. Soit une boucle de plus de deux cents kilomètres. Les peshmerga, les soldats kurdes, nous ont dissuadés de tenter un tel voyage.

« Pourquoi voulez-vous partir ? Nous vous protégeons. Vous pouvez compter sur nous. Vous connaissez notre bravoure », lançait à la cantonade Kekan, le chef des peshmerga qui stationnaient dans le village et aux alentours. Ceux qui annonçaient qu'ils voulaient partir quand même étaient rembarrés.

« Vous n'irez pas loin. Les passages entre la Syrie et l'Irak sont fermés. La frontière est close. Vous ne pourrez pas faire le tour de la montagne. »

Nous faisions plutôt confiance aux peshmerga, ces « hommes qui n'ont pas peur de la mort » en langue kurde. Kekan avait de la bedaine. Il ne ressemblait guère à l'idée que je me faisais de Saladin, le conquérant d'origine kurde célébré par l'histoire arabo-musulmane. D'après Khero, le père de Walid, il avait la réputation de s'être bien battu contre Saddam, qui détestait les Kurdes et les yézidis, mais ses faits d'armes étaient déjà très anciens. Sa légende de combattant survivait pourtant, comme une évidence. Il était respecté. Il avait été de toutes les batailles voici vingt-cinq ans, lorsque le dictateur de Bagdad avait poussé la brutalité jusqu'à gazer à l'arme chimique les Kurdes de Halabja, près de la frontière iranienne. C'était un brave parmi les braves. Nous ne nous doutions pas qu'il allait prendre ses jambes à son cou dans la nuit du 3 août.

Kekan et sa petite troupe avaient quitté le village un peu avant le lever du jour. Il venait d'apprendre aux sentinelles yézidies qu'une attaque de Daech avait débuté à Sinjar, la grande agglomération de la région où vivaient 300 000 habitants. Il avait ordre de se replier. Kekan a abandonné son poste. Son cas n'est pas isolé. Des villages chrétiens de la plaine de Ninive et la ville de Qaraqosh ont connu le même sort. Je l'apprendrais plus tard.

À dire vrai, la peur règne en maître absolu depuis des mois. Elle s'est propagée de la Syrie en Irak en mai, lorsque les insurgés sunnites ont annoncé qu'ils abolissaient les frontières pour ne reconnaître qu'un pays : la Mésopotamie. Pour nous, yézidis, l'État islamique en Irak et au Levant, c'est Daech, son nom islamique.

L'État islamique s'était emparé en juin, sans coup férir, de Mossoul, la deuxième ville d'Irak, forte de deux millions d'habitants. L'armée irakienne s'était débandée. Un scénario identique s'était joué, près de chez nous, à une vingtaine de kilomètres, à Tal Afar.

Lorsque Tal Afar est tombé le 9 juin, les Arabes chiites se sont réfugiés chez nous. Nous les avons bien accueillis. Les familles qui avaient des chambres libres les ont offertes aux réfugiés. Ceux d'entre eux qui n'avaient pas trouvé d'abri dormaient dans l'école. Ils nous racontaient la violence de Daech. J'en avais de l'effroi. À un mariage auquel j'avais été invitée, j'avais pu discuter avec une réfugiée dont le père musicien exerçait désormais en nomade ses talents de flûtiste accompagné de son fils au tambour. Elle avait vu des civils abattus dans la rue sans autre forme de procès et elle avait essayé de réconforter une cousine victime d'un viol. « Ce n'est pas seulement Daech qui nous frappe. Des sunnites, des gens que je saluais chaque matin, nous ont attaqués pour nous voler. Ils nous ont poussés à partir pour s'emparer de nos biens. » La famille du musicien avait tout perdu, à l'exception de la flûte et du tambour. Je me disais : si ces gens commettent de telles atrocités sur les chiites, nous devons nous attendre au pire. Je me doutais qu'ils seraient encore plus sauvages avec nous qu'ils l'avaient été avec eux. J'avais peur de voir nos hommes tomber pour l'honneur des yézidis.

Nous ne sommes pas, comme les chiites, des musulmans, ni comme les chrétiens, des gens de la Bible. Pour les Arabes sunnites de Daech, nous sommes la lie de l'humanité. Nous sommes en danger, car nous, les yézidis, sommes à part. Notre religion est l'une des plus vieilles du monde. Nous n'avons pas attendu les juifs, les chrétiens et les musulmans pour n'avoir qu'un Dieu. Notre calendrier est vieux de 6765 années. Nous avons toujours voulu nous tenir à l'écart des conflits confessionnels et politiques, mais nous avons toujours été pourchassés et massacrés parce que nous sommes différents. Nous croyons en un Dieu tout-puissant et à ses sept anges. Nous passons pourtant, depuis des siècles, pour des rebelles et des païens. Voilà pourquoi nous vivons retirés, au pied des monts Sinjar, toujours prêts à en grimper les pentes pour échapper à l'incendie de nos villages et à la déportation. Cette montagne est notre citadelle.

L'histoire se répète. Nous sommes pris dans la mâchoire d'un piège qui se referme peu à peu depuis la chute de Mossoul. L'État islamique était à nos portes. Il avait déclaré le califat et désigné son chef, Abou Bakr al-Baghdadi. Je n'avais jamais entendu parler de ce calife, qui exige de tous les musulmans de lui prêter allégeance. Quant aux mécréants, les *kafir* comme il nous appelle, il avait promis de les écraser.

Notre plan est de rejoindre Ardan, le village de ma belle-mère, distant d'à peine dix kilomètres, d'abandonner la voiture dans un pré au pied de la montagne, de grimper, de trouver un refuge provisoire et de voir venir. Si Daech approche, nous monterons plus haut, à pied, vers le sommet ; si Daech s'éloigne, nous redescendrons et repartirons en voiture par la route.

Passé le premier contrefort, le chemin s'évanouit au milieu des roches plates comme la paume de la main. Le cortège avance en file indienne entre les arbustes rabougris, quelques mûriers aux longues branches en forme de parasols, et des champs de chardons verts et mauves qui mordent les jambes. La sécheresse fait craquer les touffes d'herbe sous nos pieds. La terre est brûlante.

L'entrée d'une grotte apparaît au détour d'un défilé. Mon beau-père inspecte l'abri d'un air suspicieux, un bâton à la main, pour s'assurer que nous ne dérangeons pas l'intimité d'une bête sauvage. Devant son entrée, dans la paroi, un promontoire surplombe le village, que nous devinons sous la brume. La cachette idéale ! Je déplie une nappe pour le repas.

Depuis l'aube, j'essaye, sans le moindre succès, de joindre Walid par téléphone. Les appels ne passent pas. Le réseau est saturé. Les habitants de toute la région répètent le même geste. Ils appellent sans discontinuer et entendent tous la même phrase, en arabe ou en kurde : « Votre correspondant n'est pas joignable, veuillez renouveler votre appel ultérieurement. » J'essaye de changer de réseau. Sans succès.

Au début de l'après-midi, la communication passe enfin.

« Walid ! Je suis dans la montagne au-dessus du village. Tu me manques tellement. Je ne sais pas ce qu'on va devenir.

– N'aie pas peur. Reste avec ma famille. Il ne va rien t'arriver.

– Je t'aime, *rouhé men* ["mon âme"].

– Je t'aime, *jiana men* ["ma vie"].

J'éclate en sanglots. Walid tente de me rassurer avec des mots simples, mais il ne peut rien faire pour moi. La ville de Souleimaniye est à quelques heures de route, mais l'offensive de l'État islamique a coupé notre région du reste du Kurdistan. En raccrochant, je reste figée.

Nous voilà étendus à l'ombre.

Des cris résonnent au loin. Des éclats de voix montent de la vallée et leur écho rebondit contre la paroi des falaises. Des inconnus arrivent par les rochers. Nous entendons de plus en plus distinctement leur marche. Je me lève, prête à détaler. Le père de Walid me fait un petit signe. « Ce sont des fuyards yézidis, comme nous. » Les femmes portent des foulards pour se prémunir du soleil de plomb, les hommes des turbans. Ils nous demandent si nous savons ce qui se passe en bas. Ils hésitent. Quel chemin prendre ?

« Soyez les bienvenus dans notre modeste abri. J'espère que vous ne craignez pas les serpents », sourit à leur passage Khero. Il essaie de plaisanter, leur joue le numéro de l'hôte recevant des invités de marque.

« On se méfie de ceux de Daech. Ceux des montagnes, on en fait notre affaire », réplique un jeune père de famille yézidi. Ses deux fils âgés à peine d'une quinzaine d'années se prennent pour des durs à cuire. Ils portent chacun un revolver dans la poche intérieure de leur veste et profitent de l'occasion qui leur est offerte pour raconter leurs exploits de chasseurs de reptiles. L'un a écrasé la tête d'une vipère longue d'un bon mètre d'un coup sec. L'autre a vu « le poison couleur de miel qui s'écoulait des crocs de la tête » qu'il avait fracassée. « On aurait dû récolter le liquide et faire des tartines », fanfaronnent-ils, plutôt fiers d'eux. D'autres fugitifs passent sans même s'arrêter, pressés de gravir les pentes du Sinjar. L'un d'eux lance :

« Nous allons au Mazar Sharaf el-Din. Notre lieu saint est protégé par des combattants yézidis. Des centaines de familles y sont réfugiées. Il y a des abris, des prêtres de notre religion, de l'eau, de la nourriture. »

Les groupes se suivent à intervalles irréguliers, des baluchons sur les épaules, traînant aussi des valises bouclées à la ficelle. Ils veulent progresser. Les hommes ouvrent la voie à des femmes âgées et à des jeunes femmes aux robes fleuries de paysannes, entourées de leurs enfants. Une femme enceinte grimace. Une fille gémit : elle a appris la mort de sa mère, tuée dans sa maison par des djihadistes. Déterminés, les yézidis avancent sur le sentier de l'exode.

Nous, nous attendons. Nous ne bougeons pas de notre abri et de son ombre.

Je suis dans mes rêves. Avec Walid. Je l'imagine à Souleimaniye, cette ville d'un million et demi d'habitants où je n'ai jamais mis les pieds.

Il m'a déjà raconté Aïnkawa, cité chrétienne où il a bâti la villa d'un riche assyrien. Pendant cette absence, je comptais déjà les jours, lui me racontait les églises en brique avec leurs clochers qui carillonnent à tout rompre pour appeler les fidèles à la messe. Il décrivait les devantures des cafés dans lesquels des jeunes gens, garçons et filles, fument la chicha, la pipe à eau, en sirotant du Coca-Cola et de la bière tirée d'un robinet à pression. De l'alcool servi par des employés yézidis. Je n'en revenais pas. Je me demandais s'il n'en rajoutait pas pour m'impressionner. Ce parfum de liberté qu'il devait ressentir me rendait parfois jalouse. Je me disais que là-bas, à Aïnkawa, dans la banlieue d'Erbil, la capitale du Kurdistan, il pouvait rencontrer une autre femme, une femme qu'il croiserait près d'un palais en marbre, devant un building comme je n'en ai vu qu'à la télévision.

Walid, mon âme, mon amour, me manque.

Un feu de bois de chêne crépite à l'entrée de la grotte. Par instants, il illumine le ciel. Je me recroqueville en boule. Les arbres, les pierres, la terre se fondent maintenant dans l'obscurité. J'ai dû m'endormir. Et si c'était la fin de mon peuple ? Le 73e génocide, puisque nous en avons subi 72 ? Leur mémoire nous est transmise de génération en génération par les récits de nos aïeux. Nous avons au fond de nous l'effroi des tragédies depuis si longtemps. Mes grands-parents, leurs grands-parents et avant eux les grands-parents de mes grands-parents en ont gardé les traces. Comme mes ancêtres, j'ai en moi cette peur venue du fond des âges, la peur du génocide. Je ne dors pas. Je crois entendre rôder un chacal dans les parages. On dit que la nuit porte conseil. Pas à moi, pas cette fois.

Les lueurs de l'aube poignent au levant. Ce 4 août au matin, mon beau-père reçoit un appel moins alarmiste que les autres. Un ami a réussi à passer la frontière syrienne. Avec un peu de chance, il est encore possible d'y parvenir. De faire le tour des monts Sinjar par la route. Ne vaut-il pas mieux prendre des risques plutôt que d'attendre et de devoir, en dernier recours, escalader la montagne à pied, sous un soleil assassin, avec des réserves d'eau plus qu'insuffisantes, Daech à nos trousses ?

Khero tranche le dilemme. Nous quittons la grotte et rebroussons chemin. La moitié de nos compagnons d'exode qui campaient pour la nuit nous emboîtent le pas, le reste du groupe, lui, choisit l'ascension.

Nous sommes redescendus et avons retrouvé la voiture. Notre caravane compte seize véhicules, de vieilles bagnoles dont les moteurs suffoquent. À la suite des autres, l'Opel du père de Walid s'est glissée dans un cortège routier qui roule lentement, phares allumés, et soulève des nuages de poussière. Une jeep bâchée de fabrication soviétique nous colle au pare-chocs. « C'est une UAZ, l'ancêtre increvable de la Toyota Land Cruiser », commente Khero en connaisseur. Son propriétaire l'a achetée à un Kurde chiite d'origine iranienne, a-t-il appris en bavardant avec le chauffeur pendant un arrêt provoqué par un radiateur en surchauffe. Féru de mécanique, le père de Walid vante les qualités du modèle, sa robustesse, sans parvenir à évacuer sa nervosité. Nous l'écoutons sans l'entendre.

J'essaye d'appeler Walid. Cette fois, ça passe. Walid se ronge les sangs. Il songe à quitter Souleimaniye en taxi afin de rallier Zakho, la ville que nous espérons atteindre après notre détour par la Syrie, si nous y réussissons.

« Je vais venir, mais je ne peux pas quitter le chantier sans prévenir. Je vois le patron à la journée, je lui demande de me régler mon salaire et j'arrive. Cela va être long, mais c'est d'abord pour toi que la route est longue, mon amour. Ne n'inquiète pas ! »

Soudain, des détonations claquent. Je baisse la tête par réflexe. Des hommes de Daech surgissent à l'arrière de notre convoi. Le père de Walid dit les voir dans son rétroviseur. Ils tirent au-dessus des toits des voitures depuis un pick-up.

« Walid, je raccroche. Ils sont là. Daech est là ! Au secours, Walid ! »

Les véhicules au drapeau noir nous doublent par une piste parallèle, ils roulent à grande vitesse vers la tête de notre colonne. Des dizaines de djihadistes prennent le convoi d'assaut. Ils tirent en dépassant les voitures. Nous essuyons, nous aussi, une décharge d'arme automatique en guise d'avertissement sans frais. Bien que tirée en l'air, elle nous tétanise. Un Humvee noir, au toit équipé d'un lance-missiles, nous double. On dirait un coffre-fort sur roues. Le Humvee me donne l'impression que ses occupants sont des extraterrestres, mais je sais qu'ils sont d'ici. J'ai peut-être déjà croisé ce djihadiste qui a ouvert sa portière en roulant pour nous dévisager. Je l'ai peut-être déjà vu lors d'une visite à Sinjar, avant que l'insurrection sunnite n'emporte tout sur son passage. Il devait être à l'époque un simple badaud parmi la foule des anonymes. Le regard animal, il se gratte la barbe. Il porte un pantalon *battle dress* retourné à mi-mollet, des ceintures à munitions en bandoulière. Une casquette noire à visière sur la tête.

Parvenus à l'avant de notre convoi, les djihadistes pilent et s'alignent en travers de la chaussée. Chaque pick-up est équipé d'une Douchka, une mitrailleuse lourde qui peut tirer en quelques secondes des dizaines de grosses cartouches. Les voitures des yézidis s'arrêtent à la queue leu leu. Mon beau-père ralentit avant d'accélérer sans crier gare. L'Opel s'arrache devant les combattants médusés. Nous forçons le passage par la gauche en roulant dans des ornières. Mission réussie. Enfin presque. Je vois par la lunette arrière un pick-up nous prendre en chasse et remonter vers nous. Amina et Nesrine crient : « Non, papa, arrête-toi ! » Un projectile pénètre la carrosserie par le coffre. Ils visent les pneus. Le père de Walid admet sa défaite, freine d'un coup sec et sort les mains en l'air. Je m'attends à le voir s'effondrer, fauché par la mitraille, mais les soldats de l'État islamique en ont décidé autrement. Ils lui ordonnent de remonter dans la voiture et de faire demi-tour pour reprendre sa place dans la colonne à l'arrêt. Khero obtempère.

Les djihadistes nous extraient de l'Opel. Ils sont aussi effrayants que je les avais imaginés. Certains ont le bas du visage caché par un foulard noir. Ils se masquent pour nous faire peur et se protéger de la poussière, car peu leur importe d'être reconnus. Leur accent me dit que ce sont des Arabes sunnites de la région ou de Bagdad. Je remarque leurs armes avant les traits de leurs visages. Des fusils d'assaut M16 flambant neufs, des kalachnikovs, des grenades accrochées à leur ceinture.

Leur comité d'accueil nous insulte :

« Si vous essayez encore de résister, on vous tue », prévient un grand type en treillis mimant d'un signe la décapitation.

Il crache.

« On va vous conduire à Raqqa, en Syrie, apostats, bande de chiennes. *Kalba*, putes, lèche ma merde. »

À l'avant des pick-up flotte l'étendard frappé du sceau de Mahomet, le prophète d'Allah, et de la profession de foi de l'islam en calligraphie arabe, *la ilaha Illallah* : « Il n'y a de dieu que Dieu. » Nous escortent-ils, comme le prétend l'un d'eux, en Syrie ?

Nous sommes seuls, impuissants, face à leur hargne. Les passagers du convoi attendent dans leur véhicule, vitres remontées. Nous sommes tous figés. Notre équipée s'achève dans cette steppe devenue une prison à ciel ouvert. Une centaine de véhicules est immobilisée. Les djihadistes ont appelé des renforts. Une douzaine d'hommes en pantalon court et veste militaire nous surveille. Ce n'est rien de dire qu'ils nous haïssent. J'essaie de ne pas croiser leur regard.

Nous reprenons la route sous haute surveillance. Lorsqu'une voiture tombe en panne, victime d'un incident mécanique, ses passagers l'abandonne au bord de la piste et s'entassent dans les véhicules suivants.

Mon beau-père est à cran, ma belle-mère se lamente, la fille de Nesrine a trop chaud. Elle a soif. Nous traversons un village.

Plus loin, j'aperçois, au pied d'un panneau routier, un cadavre boursouflé. C'est mon premier mort. Je n'en avais jamais vu. Et si je terminais ma vie comme cet inconnu, au bord de la route ?

Nous approchons d'un check-point où règne une grande confusion. Les combattants nous ordonnent d'éteindre les moteurs et de rejoindre les autres familles yézidies en cours de rassemblement sur un terrain vague, à côté d'un grand magasin d'électro-ménager. Nous devons être un bon millier de civils encerclés par ces hommes en armes. Sous la menace du canon des kalach', nous avançons vers une sorte de poste de contrôle.

Des partisans de Daech tiennent chacun un grand sac agricole. Ils sont jeunes. La moindre question se termine par un coup de poing sur la tempe.

On donne son argent et tout le reste ! Or, bijoux, téléphone, ordinateur ! En vitesse ! Et gare aux tricheurs !

Nous devons jeter en silence dans leurs sacs nos objets de valeur et nos papiers : carte d'identité, téléphone mobile, espèces, or, argent, bijoux. Les colliers et les bracelets sont arrachés.

« Tu as tout donné ? » me demande un dépouilleur à l'haleine de chacal.

Je confirme.

« Tu as intérêt ! »

Prévoyante, avant d'arriver devant lui, j'ai détaché mon médaillon doré de mon cou, j'ai sorti de son cadre la photo de mon mariage et je l'ai cachée près de mon cœur. Je dépose la chaîne avec son médaillon, un bracelet, mes bagues, notre or, notre argent. À chaque sac son métal.

J'ai perdu notre trésor. Ils nous détroussent à la manière des bandits. Nul ne songe à résister. Ils jettent les sacs du butin à l'arrière de leurs pick-up. Rien n'est laissé au hasard. Nos voitures sont passées une à une au peigne fin, les armes prises.

Nous avons été réunis dans le hall d'accueil du magasin d'électro-ménager, rempli de réfrigérateurs, de congélateurs, de sèche-linge et de cuisinières. Nous sommes des centaines de personnes parquées dans ce show-room pour une raison qui nous échappe. Qu'attendent-ils ? Je suis coincée entre deux lave-vaisselle. J'évite la promiscuité des allées où il est impossible de bouger, faute de place. Je ne suis pas une femme au foyer irakienne rêvant d'une machine, mais une marchandise qui s'échangera bientôt sur un marché. Je me tiens debout, plantée comme un i. Je vaux beaucoup moins cher que le plus petit des mini-fours à micro-ondes. Les gardes nous injurient. L'un d'eux crie : « On vous cherche depuis des centaines d'années et vous voilà enfin ! Vous, les *kafir*, apostats, vous les athées ! On ne va pas vous rater ! » Après un long temps, ils nous ordonnent de remonter dans les voitures sans plus d'explications.

Le convoi redémarre.

« On dirait que nous allons vers la Syrie », dit Khero.

Je sanglote, convaincue de partir pour un voyage sans retour. Je suis une fontaine de larmes. Ma belle-famille gémit, à l'exception de la petite Rezan. Épuisée, elle s'est endormie dans les bras de sa mère. Dans chaque voiture du convoi, les passagers pleurent des larmes presque aussi chaudes que l'air. Nous formons une caravane de plaintes avançant dans la fournaise de l'été irakien. Son parcours s'achève à la hauteur d'un carrefour donnant sur trois directions : le barrage hydraulique de Mossoul, la frontière syrienne et la ville de Sinjar. Une rangée de drapeaux noirs surmonte le panneau indicatif du barrage. Cela doit être le signe de son importance pour eux.

« Terminus, tout le monde descend », hurlent les djihadistes.

Nous roulons pare-chocs contre pare-chocs avant de nous garer n'importe comment sur le bas-côté. Les soldats nous canalisent, nous nous entassons comme un troupeau, au bas d'une butte. « Les hommes continuent vers la route, les femmes et les enfants ne bougent pas », répètent les soldats.

« On se dépêche ! »

Khero n'a guère le choix : il avance. Les récalcitrants sont roués de coups pour l'exemple. Une BKC, une vieille mitrailleuse russe, est braquée depuis le toit d'un 4 × 4 sur nous.

Amsha, ma belle-mère, implore :

« Laissez-moi mon mari, je suis malade, j'ai besoin de lui. »

Elle prend un coup de crosse de fusil dans les hanches. Khero a à peine le temps d'embrasser ses deux filles, il est poussé dans la file des hommes avant d'avoir pu réconforter Amsha. Il a ouvert les bras, les mains tendues en signe d'indignation et de dépit. Le djihadiste l'a mis en joue, prêt à le faucher pour l'exemple d'une rafale d'arme automatique.

« Avance et *sed halgak* ["ferme ta gueule"] ! »

Des centaines d'hommes – jeunes, adultes dans la force de l'âge et vieillards mêlés – avancent sur la bande de goudron chauffé à blanc par un soleil à son zénith. Ils sont peut-être trois cents. Des centaines de femmes et d'enfants les regardent s'éloigner, le cœur brisé. Nous sommes au moins cinq cents.

« Ils vont les fusiller ! Ils vont les abattre dans un fossé. »

Nous avons toutes la même crainte, nous nous la murmurons. Quelques femmes, les plus hardies, entreprennent de monter en haut de la butte, elles veulent voir où sont emmenés les hommes. Elles sont rattrapées. Quelques-unes parviennent à atteindre la crête. « Ils montent dans des autobus, d'autres partent à pied », racontent-elles de retour parmi nous. Nous sommes partagées entre le soulagement et la terreur.

Où vont-ils ? Mystère.

Les djihadistes ont le coup de feu facile. Des tirs de sommation ponctuent leurs ordres.

Une nouvelle opération de tri commence. Ils nous sélectionnent comme le grain, nous triant selon des critères que nous comprenons rapidement. Les femmes, jeunes ou mûres, d'un côté. Les vieilles, les mères et les enfants de l'autre. Je suis classée avec Amina, ma belle-sœur de douze ans, dans la première catégorie. Ma belle-mère, Amsha, Nesrine et Rezan dans la deuxième. Amina et moi profitons de l'agitation pour nous rapprocher du pick-up à l'arrière duquel elles sont montées, parmi les femmes avec enfants. Un djihadiste en tenue militaire hurle. J'avance encore vers elles. Il tire à la kalachnikov dans mes pieds. Les balles ricochent en sifflant. Ses cheveux sont longs, sa barbe fournie, ses yeux sombres. Je recule. Dès qu'il tourne le dos, je recommence. Je reprends mes manœuvres d'approche et pique un sprint vers le véhicule. Je ne veux pas partir avec les femmes qui passent pour non mariées ou sans enfants. Cette fois, il me rattrape par le bras après une brève course-poursuite et me ramène en me traînant auprès d'Amina.

« Nous voulons rester en famille. Laisse-moi avec mes "sœurs" ou tue-moi. »

Je lui parle en arabe. Il me dévisage longuement sans me répondre.

« Émir Abou Moussa, le convoi des femmes est prêt. On dégage quand tu veux », intervient un de ses sbires.

Il brandit son sabre : « Toi et toi, vous venez ou je vous décapite. Votre famille ne nous intéresse pas. Elle va être libérée. Vous, on vous garde. »

Nous le suivons vers l'un des autocars des « belles filles ». Son moteur tourne, les portes sont déjà fermées. Il démarre et prend la direction de la Syrie, rideaux tirés. Nous sommes poussées dans un pick-up. Je grimpe à l'arrière et donne la main à Amina pour l'aider à monter à bord.

« On y va ! » dit Abou Moussa en s'éloignant vers son Hummer.

Nous sommes serrées au point de ne pas pouvoir nous asseoir ni même plier les jambes. Je ne peux pas bouger. Des crampes me terrassent. Nous sommes une quarantaine de femmes et de gosses dans cette benne. Les mères tiennent les petits entre leurs jambes. Le cortège de pick-up et de fourgons soulève des nuages de poussière. Les enfants suffoquent. Les mères les lèvent parfois à bout de bras. La route est jonchée de cadavres. Ce sont tous des civils, sans doute des yézidis abattus dans leur fuite, hier ou ce matin.

« Avez-vous remarqué que c'est un yézidi qui conduit ? lance une passagère, à la cantonade.

– Ne te fais pas d'illusion, ça ne changera rien. Ce sont des prisonniers qu'ils ont pris comme larbins. Ils doivent manquer de chauffeurs », répond dans un soupir une vieille femme.

Le trajet est des plus pénibles. Nous sommes tellement serrées. La chaleur, les cahots de la route, la sueur, l'angoisse, tout nous éprouve.

Il semble que nous arrivions à destination.

Nous entrons dans Sinjar. Ici aussi des corps gisent dans des mares de sang séché. Une odeur de charogne monte des gravats et des enchevêtrements de véhicules réduits à l'état d'épaves.

La ville est sous le contrôle de l'État islamique. Son ordre règne.

« Marchez jusqu'au tribunal ! On y décidera de votre sort ! »

Nous entrons dans un immeuble de deux étages mis à sac : le siège du PDK, le Parti démocratique du Kurdistan, le mouvement kurde. Des tables en bois jetées par les fenêtres se consument encore dans la cour où nous avons ordre de nous tenir. Le site semble être le centre de rassemblement des femmes yézidies. Une centaine de prisonnières sont déjà là. Il en arrive sans cesse de tous âges, avec ou sans enfants.

Un gardien me désigne pour faire partie de l'équipe chargée de nettoyer les lieux. Je déblaie une pièce où étaient rangées des archives. Étalées au sol, les pages de dossiers éparpillés se mêlent aux débris de verre. Me voilà à faire le ménage.

Je suis ramenée dans la cour.

Vers dix-huit heures, des soldats que je n'avais pas remarqués jusque-là viennent nous passer en revue. Ils examinent de plus près leurs prises avec la délectation des voleurs jaugeant leur butin. Ils regardent nos yeux. Ils veulent celles aux iris clairs. Ils nous tiennent par le menton, nous pressent la mâchoire pour que nous leur montrions nos dents. Ils nous palpent aussi. Les filles aux yeux verts ou bleus ont leur préférence.

Je joue à l'attardée mentale. Je contracte les muscles de ma mâchoire, laisse bâiller ma bouche, les yeux en vrille. Un vieux truc de gamine que je testais avec ma copine Dagan pour effrayer les petits. Les djihadistes m'écartent, dégoûtés. Ils embarquent une demi-douzaine de filles.

Un gros barbu en *kameez* rouge sur pantacourt se défoule en éructant des bordées d'injures. Il hurle sans fin.

Les mêmes gars reviennent plus tard dans la nuit chercher six hommes qui étaient enfermés dans un débarras. Les prisonniers s'en vont menottés, les mains derrière le dos, les yeux bandés, la tête basse.

Vers vingt-trois heures, du riz mal cuit nous est apporté dans des bassines. Il est servi avec des galettes de pain dures comme la brique. Je n'ai rien avalé depuis l'aube, mais le riz ne passe pas. L'air se rafraîchit. Un tuyau d'arrosage à la main, un adolescent imberbe d'une quinzaine d'années asperge le sol. Il repousse les captives sur son passage. La terre battue dégorge d'eau. Il se marre. « C'est bon ! Vous pouvez maintenant vous coucher. »

Je m'assieds dans une flaque. Le sol finira bien par sécher. Je grelotte d'angoisse.

Chapitre 2
UNE ENFANCE YÉZIDIE

Au pied du djebel *— À l'école de monsieur Choukri — Un mariage mal arrangé — Une robe blanche à dentelles —* Mabrouk.

Aussi loin que remontent les connaissances de mes aïeux, nos ancêtres ont toujours vécu dans le Sinjar, ou plutôt le « Shingal », son nom kurde, au creux de ses vallons pelés ou dans la plaine qui entoure le *djebel*. D'après la légende, l'arche de Noé heurta le sommet de notre montagne en voguant sur les flots pour échapper au Déluge. Le choc ébranla la coque du navire, ce qui provoqua une voie d'eau. Noé et ses animaux furent sauvés du naufrage par un serpent. Le reptile se lova dans la brèche et l'obstrua. Et l'arche put continuer à voguer dans la Djézireh.

Je suis née le 7 janvier 1996 au pied de notre montagne sacrée, dans cette région laborieuse, aux confins de l'Irak et de la Syrie.

J'ouvre les yeux sur la vie en observant Jalal, mon père, s'adonner aux travaux des champs. Son horizon est un lopin de terre planté de tomates, d'aubergines, de pastèques, de melons et de fleurs de tournesol. Il en change régulièrement. Papa est un paysan nomade. Il loue à l'année à un propriétaire un terrain à cultiver.

Je le revois dans son pantalon bouffant, coiffé de son haut bonnet de feutre marron, trimant et suant, avec à ses côtés Kortié, ma mère, en robe blanche. Maman est aussi douce que discrète. Dans ses habits d'une propreté immaculée malgré le labeur, elle ressemble à un ange.

Dans la campagne du Sinjar, l'ancienne génération respecte les traditions. Les hommes endossent depuis des siècles de longues chemises au col échancré ou des tuniques à large ceinture, tandis que les femmes, vêtues de blanc, se protègent la tête du soleil à l'aide d'un turban. Les jeunes, en revanche, portent des jeans et des sweat-shirts comme tous les Kurdes de leur âge.

Mes parents ont à peine dix-huit ans quand ils se marient. Je vois le jour l'année suivante, première pousse d'une fratrie de cinq enfants. Papa travaille du côté de Rabia, une ville arabe frontalière avec la Syrie dominée par les Shammar, une puissante tribu de Bédouins sunnites dont les chefs respectent notre communauté.

Nous vivons au rythme des saisons. Nous nous installons à proximité de la frontière syrienne pendant la période chaude de l'année, d'avril à novembre, puis nous retournons à Navdashte, mon village natal, de décembre à mars. Nous possédons deux chèvres, six canards, dix poulets, un chien. Le jeudi et le samedi, papa loue une voiture de maraîcher pour faire les marchés. Je n'ai pas le droit de l'accompagner. Il prétend que je suis trop petite. Ce n'est que plus tard, pendant mon adolescence, que mon père changera de métier. Vers 2010, il s'engage dans les rangs de l'armée irakienne. On disait alors l'« armée de Maliki », du nom de l'homme fort de l'époque, le Premier ministre chiite.

Si seulement je pouvais revivre ces moments de bonheur et d'innocence, dans les petits coins de paradis de mon enfance. Gamine, je poursuivais nos canards qui gambadaient en liberté. J'ai trois ans, ma sœur Hanan vient de naître. Je me souviens de ses premiers rires et de ses premiers pleurs. Je suis convaincue qu'elle sort du puits creusé au fond du jardin. Elle ne peut venir que de ce gouffre profond et mystérieux, qui mène aux entrailles de la terre. J'ai déjà un frère, Sirwan, d'un an mon cadet. J'ai ensuite eu un second frère, Guelmehate, qui a sept ans de moins que moi, et enfin la petite dernière, Arwan, née voici trois ans. Hanan est ma sœur préférée. Je veille sur elle comme si j'étais sa mère, avec d'autant plus de facilité qu'elle me suit partout. Hanan porte le même prénom que ma petite poupée blonde et bouclée. À moins que ce ne soit l'inverse.

Petite, j'aime aller au champ sur les épaules de maman pour jouer dans le carré des fleurs de tournesol. Je me glisse avec mille précautions entre les plants pour ne pas risquer de briser leurs épaisses tiges. Les fleurs géantes font au-dessus de ma tête un toit de pétales. Il fait si bon à l'ombre des tournesols. Mon père dit que ces fleurs sont d'une résistance à toute épreuve. Quand elle est jeune, la plante grimpe très vite vers le ciel pour s'offrir au soleil. Quand elle devient trop lourde, sa tête penche vers le sol, brûle et perd ses graines.

Dans notre village, nous habitions, jusqu'à mes sept ans, au « château », la maison des grands-parents. Chez nous, un château est une demeure spacieuse en pierre et en béton, qui se distingue des masures en torchis où vivent la plupart des habitants du district. Le nôtre compte deux jardins et pas moins de douze chambres. Avec mes parents et mes oncles, nous, les enfants, résidons dans ce qui me semble être un palais. Puis nous avons emménagé dans notre maison, dans la rue parallèle à celle du « château ».

Du toit plat de notre nouveau logis en brique, nous surplombons les terrasses des maisons de la rue principale. Mon village est pour moi la merveille des merveilles. Je n'aurais jamais imaginé qu'un jour il serait occupé par des tueurs féroces et sanguinaires, des fanatiques surgis du passé. Je ne pouvais pas imaginer, même dans mes pires cauchemars, qu'un jour je serais prisonnière de Daech.

À Navdashte, je dors toutes les nuits dans les bras de maman. Mes journées s'étirent au rythme de la routine de mes tâches ménagères. Je me lève à huit heures, quand je ne traîne pas au fond du lit. Je prends mon petit déjeuner, nettoie la cage des canaris, fais le ménage et prépare les repas de la journée, à base des légumes que nous avons fait pousser. La viande est un luxe réservé aux jours de fête. Nous mangeons le matin des œufs brouillés et du yaourt et, en hiver, de la soupe de lentilles ; au déjeuner, du riz, des feuilles de vigne, des fèves et des haricots ; et le soir, des tomates, des aubergines et des patates.

L'après-midi, Lalesh, ma voisine et complice, vient me rejoindre pour jouer, ou alors je file chez mes grands-parents. Je suis, sans conteste, la petite-fille préférée de grand-mère. C'est en tout cas ce qu'elle me confie. « Tu es notre favorite et tu continueras à l'être, même lorsque tes parents auront cent enfants. En cas de soucis, cette maison sera toujours la tienne », me souffle-t-elle en souriant après chaque nouvelle naissance. Elle me dorlote, me cajole, m'offre des gâteaux et des sucreries qu'elle achète chez Baktiar, l'épicier.

Toute petite, j'ai dit très vite à mon père : « Papa, je veux aller à l'école.

– Tu iras en classe, mais tu dois encore grandir. Ne sois pas impatiente », répondait-il.

À sept ans, j'ai enfin mis ma blouse d'écolière et pris mon cartable. Nous étions le 1er octobre, le premier jour de l'année scolaire. Mon père me donne la main. Nous marchons pendant de longues minutes dans les rues du bourg. Il a l'air aussi fier que moi. L'école est nichée dans la citadelle, le quartier le plus ancien. Les enfants se tiennent sagement en rangs d'oignons dans la cour en attendant les maîtres. Ils sont si nombreux. Je n'en ai jamais vu autant en même temps.

Mon directeur, monsieur Dosto Choukri, est un homme bienveillant qui masque sa bonté sous des allures sévères. C'est à l'origine un professeur de mathématiques yézidi reconverti en maître d'école. Monsieur Choukri m'apprend à calculer et m'aide à raisonner logiquement. Je suis une bonne élève, tout le contraire de Lalesh. Mon amie a du mal à suivre. Le soir, je l'aide à faire ses devoirs. À la récréation, on dansait en faisant une ronde ou on se poursuivait en courant.

Dans nos écoles, la plupart des enseignants ont été pendant longtemps des Arabes, et des Arabes uniquement. « Les professeurs yézidis comme moi sont l'exception, car notre peuple est peu éduqué », explique monsieur Choukri. Il dit que l'éducation est une porte ouverte sur la connaissance. Elle permet de sortir notre communauté de l'ignorance et de la pauvreté.

D'après lui, il a fallu attendre l'indépendance de l'Irak pour voir s'ouvrir aux enfants yézidis les portes des écoles primaires. Le gouvernement irakien les ferma ensuite dans un accès de colère pour punir une révolte des tribus de la région contre le service militaire obligatoire. Puis, c'est Saddam Hussein qui s'en prit aux yézidis... Entre-temps, quelques-uns avaient réussi à étudier. Beaucoup choisirent l'exil. Il se savait dans le village que telle famille était partie en Allemagne, et que même dans le village d'à côté un fils s'était installé aux États-Unis.

Monsieur Choukri nous rappelle aussi qu'avant la chute de Saddam, en 2003, les yézidis n'étaient pas mentionnés dans nos livres d'école. Les manuels parlaient de civilisations anciennes, de l'histoire des Arabes et de leurs califes, mais il n'était pas question de nous. C'était comme si notre peuple n'appartenait pas à cette terre. Ce n'était pas correct. Pas un mot sur notre religion, notre histoire, nos princes. Pas une ligne sur les dizaines de massacres dont nous avons été victimes, perpétrés au nom de la loi du plus fort.

Au Kurdistan, nous avons aujourd'hui des ingénieurs, des savants, des professeurs, même s'ils sont peu nombreux. Nos grands-parents et nos parents ne nous poussaient pas à poursuivre des études. Ils réagissaient avec les réflexes de leur génération.

Grâce à l'école, je parle l'arabe, ma seconde langue après ma langue maternelle, le kurde. Au fond de moi, je me sens d'abord yézidie, puis kurde et enfin irakienne, ma nationalité sur ma carte d'identité.

J'ai étudié jusqu'à l'âge de quatorze ans. Pas une année de plus. Cette année-là, mon père ne veut pas entendre parler du fait que je pourrais poursuivre ma scolarité. J'essaie bien de le convaincre, mais j'ai l'impression qu'il prend ma soif d'apprendre pour un caprice puéril.

« Tu as eu la chance, contrairement à beaucoup de filles de la campagne, d'aller à l'école durant de longues années. Tu es plus éduquée que la moyenne des jeunes de ton âge. Tu es grande maintenant, tu dois te faire une raison ! me presse-t-il.

– Mais, papa, j'aime l'école… »

Il me coupe. La discussion est close.

Ma mère ne dit rien, mais elle n'en pense pas moins. Chez nous, l'homme prend les décisions concernant l'avenir de ses enfants et je ne suis qu'une fille. Maman s'est appliquée à faire de moi une femme responsable de son foyer.

« Tu dois être parfaite, sinon tu seras critiquée par ta belle-famille quand tu seras mariée. Tu dois savoir cuisiner, laver la vaisselle, épousseter, ranger, laver le linge, repasser, coudre »… et j'en oublie.

« Si tu tiens correctement ton ménage, tu éviteras les commérages du voisinage, qui cancanent dès que tu as le dos tourné », dit maman.

Elle m'a appris un petit métier : brodeuse de colliers. Je fabrique des bijoux de pacotille. Je me fournis à la mercerie du village et produis en fonction des commandes de l'entourage. Ma spécialité est le bracelet avec prénom inscrit à la demande.

J'ai quinze ans quand je rencontre Walid à une fête de mariage. Les adolescentes ont sorti leurs plus belles toilettes. Certaines de mes copines sont maquillées. Ce genre de festivités est une formidable occasion de séduire. Les garçons paradent : ils bombent le torse, se chambrent, font les malins. Les filles s'affichent, cheveux au vent, en pantalon moulant et bustier serré. Walid me fait la cour. Il n'est pas de notre village. Il m'émeut par ses maladresses. Hanan, ma sœur cadette, glousse et se moque gentiment de lui. Nous nous revoyons sous le moindre prétexte durant plusieurs mois. Il guette mes sorties dans le village pour me croiser à chaque fois « par hasard » et engager la conversation.

Un jour, il se blesse à la jambe pendant une partie de football. Mon grand-père, qui assiste à la rencontre, le conduit chez le rebouteux, tous deux font un détour par la maison. Surpris de me voir, il est radieux. « Ton sourire vaut une belle entorse », plaisante mon grand-père. Walid prend l'habitude de rôder dans les parages du « château » pour y être invité. J'ai seize ans, l'âge où la question du mariage se pose.

Il m'avoue son amour et, pour me prouver son attachement, il m'offre en cachette un téléphone portable gris de marque Ericsson. Il me l'apporte un après-midi de canicule. Ma mère, comme à son habitude, l'éconduit avec rudesse sur le pas de la porte :

« Va-t'en ! Tu n'es pas le bienvenu ! Tu n'as rien à faire chez nous !

– Madame, je repars tout de suite, mais donnez-moi juste un peu d'eau ! S'il vous plaît, il fait si chaud ! »

Je vais au fond de la cour pour lui servir un verre tiré de la réserve du puits. Il prend le gobelet de la main droite et, de la main gauche, glisse le portable dans ma paume, puis repart sans un mot.

L'appareil devient le fil invisible de notre passion. La première nuit, il m'a dit « Je t'aime » ; la deuxième, « Je t'adore ». Notre rendez-vous quotidien est fixé à une heure du matin. Je ne ferme pas l'œil. Je guette le cadran lumineux du portable, dont j'ai coupé la sonnerie. Hanan est aux aguets, prête à donner l'alerte en cas de mouvement suspect ou d'approche parentale. Nous échangeons en langage des signes.

Pendant deux ans et cinq mois, j'ai conversé avec Walid, à raison d'une heure par nuit de dialogue amoureux. Une performance réalisée sans jamais être prise en défaut par lui, ni en faute par mes parents, à laquelle j'associe Hanan, ma confidente. Ma sœur connaît dans les moindres détails les méandres de mon aventure sentimentale. Je lui ai confié mes émois amoureux. Mon premier baiser n'a pas de secret pour elle. Elle pourrait répéter, mais elle ne le fera pas, que Walid m'a donné la main en croisant ses doigts entre les miens, que nous sommes restés comme ça pendant un moment, qu'il m'a serrée contre lui pour me calmer quand, nerveuse, j'ai voulu m'éloigner, qu'il a frôlé mes lèvres et m'a embrassé sur la bouche tandis que lui susurrait « doucement ».

Il m'a envoyé une lettre d'amour rédigée sous sa dictée par une de ses sœurs, car l'écriture n'est pas son point fort. La voilà :

« Bonjour Jinan,

« J'espère que tu vas bien et que tu es en bonne santé.

« Lorsque tu es venue dans notre village, tu m'as dit : “Je t'aime.” Ce fut pour moi comme dans un rêve. Je me suis demandé si je n'étais pas victime de mon imagination. J'attendais ce jour depuis si longtemps. Je veux m'assurer que tes sentiments sont bien réels.

« Moi aussi je t'aime et je t'aimerai toujours.

« Je cherche un amour sincère au quotidien, un amour où l'un ne dérange pas l'autre, un amour sans trahison, un amour pour la vie.

« Je suis impatient d'avoir ta réponse. Lors de notre prochaine rencontre, je te demande d'aller vers moi et de me dire, sans même prendre le temps de me saluer, les sentiments que tu éprouves pour moi. S'ils sont identiques aux miens, nous serons heureux toute notre vie. Je veux être sûr que tu m'aimes et que tu vas m'accepter.

« J'espère que tu vas aimer ma lettre.

« Ton Walid. »

Walid peut être rassuré. J'aime sa déclaration, que je cache sous une pile de vêtements dans une malle. Si mes parents venaient à la découvrir, ils entreraient dans une colère noire. Je les sais, par principe, opposés à toute idée de mariage avec Walid.

Ma famille ne roule pas sur l'or et mes parents ambitionnent de m'offrir à un meilleur parti.

Walid est ouvrier du bâtiment. Dans les grandes cités kurdes en plein boom immobilier, grâce au pétrole, il passe de chantier en chantier et fait du porte-à-porte pour trouver du travail. Il est un jour manœuvre, une semaine maçon et un mois chômeur.

En pays yézidi, le mariage est, comme tous les événements majeurs de l'existence, une affaire de famille, mais aussi de rang social et de fierté. Dans les grandes tribus auxquelles nous n'appartenons pas, il permet de renforcer la puissance du clan. Les gens simples n'ont pas de grande famille, mais les règles sont à peu près les mêmes. Nous n'avons pas, par exemple, le droit de nous marier hors de la communauté. Pour avoir enfreint ce tabou, Doua, une jeune fille de dix-sept ans, a été lapidée en avril 2007 par des membres de sa famille, dont son propre père, opposés à son union avec un sunnite. Elle a été assassinée simplement parce qu'elle était amoureuse. Filmé par un téléphone portable, le lynchage a été diffusé sur Internet et repris par plusieurs chaînes de télévision. Les yézidis tiennent à l'honneur, je suis bien placée pour le savoir.

Mon père pense avoir scellé mon avenir : il me destine non pas à Walid, mais à un de mes lointains cousins. Ma mère s'accommode de ce choix. Après tout, tant d'unions sont suggérées par les parents, arrangées si nécessaire et imposées quand une opposition se manifeste. Grand échalas de vingt-sept ans, Hussein est soldat de l'armée irakienne. Son père est mort au milieu des années 1980, comme des centaines de milliers de soldats irakiens, dans les tranchées durant la terrible guerre entre l'Irak de Saddam et l'Iran de l'ayatollah Khomeiny.

Hussein est un militaire, comme mon père, depuis qu'il a changé de métier. Et surtout, il représente un choix judicieux en raison de la pension qu'il touche en tant que fils de *chahîd*, c'est-à-dire de martyr.

J'ai vent du projet par Hanan, mon « espionne », qui laisse discrètement traîner ses oreilles lorsque papa et maman se font des confidences. Entrée dans la chambre comme une furie, elle se glisse à mes côtés sous la couverture du lit, au comble de l'énervement. Sa voix tremble, étranglée par l'émotion. Elle balbutie : « Hu, Hu, Hussein, notre cousin Hussein, les parents veulent te marier à Hussein. C'est sérieux ! »

Je suis consternée.

« Hussein ? Je n'en ai rien à faire de Hussein. Je ne l'aime pas. Il n'est rien pour moi.

– Papa dit que si on te laissait faire comme bon te semble, tu pourrais épouser un joueur de tambourin, ajoute Hanan. Le mariage a été arrangé en cachette lors d'une visite de courtoisie de la mère de Hussein. Elle a entrepris les parents sur le thème : "Mon Hussein doit trouver une épouse. Je vous propose que nos familles se rapprochent." D'après papa, Hussein est un garçon honnête et sans histoires. Nous le connaissons, lui et sa famille. "Ce sont des cousins respectables", a dit papa. »

Comment peuvent-ils me faire une chose pareille ? Mes propres parents ! À moi, Jinan, leur fille !

Jamais prise de court, Hanan la messagère se mue alors en Hanan la conseillère. Elle m'encourage à suivre la pente de mes sentiments et me fait l'éloge de Walid, « un garçon gentil, prévenant et attentionné ». « Il t'aime comme personne ne t'aime. C'est l'élu de ton cœur, garde-le ! Tu ne trouveras pas mieux ! »

Les jours qui suivent la révélation, je ne montre rien de mon trouble. L'épreuve de force démarre en sourdine, mais je suis déterminée à déjouer leurs plans. Je refuse d'être sacrifiée au nom des intérêts des adultes. Je suis prête à repousser les avances de Hussein autant de fois que nécessaire.

Sa mère ouvre les hostilités. Elle propose avec insistance de m'inviter quelques jours chez eux pendant la prochaine permission de son fils. Devant mes protestations, papa et maman poussent de hauts cris. D'ordinaire placide, Walid, lui, se déchaîne. Il m'implore de désobéir. Je lui explique qu'il m'est impossible de repousser une invitation familiale, mais je lui promets de rester ferme. Durant mon séjour, les amabilités de Hussein m'indiffèrent. Je suis polie mais de marbre. Le soir du cinquième jour, Walid débarque. Il frappe comme un dingue à la porte. Hussein ouvre.

« Tu veux quoi ?

– Je veux lui parler, grogne Walid.

– C'est hors de question ! Tu dégages !

– Je suis venu te dire qu'elle ne veut pas de toi : tu ne l'in-té-re-sses pas !

– Va-t'en ! » hurle Hussein en repoussant mon favori.

Une bagarre éclate entre eux. Je tire Walid par le bras pour l'éloigner tandis que la mère de

Hussein me bouscule pour m'empêcher de me mêler à l'empoignade.

« Si tu ne rentres pas ce soir chez tes parents et que tu ne m'appelles pas pour me prévenir de ton retour, tout est fini entre nous », tonne Walid avant de déverser une bordée d'injures en direction de Hussein et de s'en aller.

Avec le recul, la scène a quelque chose de comique. Elle est digne d'une séquence de *Tom et Jerry*, mes personnages de dessin animé préférés, avec Walid dans le rôle de Jerry, la petite souris marron à la force surprenante pour sa petite taille. Mais, ce soir-là, nous étions en plein drame.

Le nez collé derrière les fenêtres, le voisinage n'a pas raté une miette du spectacle. Le lendemain, mon retour au bercail baigne dans un parfum de scandale. Mon père m'oblige à appeler Walid pour lui annoncer notre rupture. Je m'incline. Blessé, Walid jure que tout est fini entre nous. Il ne veut plus me voir. Plus jamais !

Nous nous revoyons pourtant par hasard au mariage d'une connaissance commune. Il m'envoie balader. Deux mois passent. Je finis par lui avouer par téléphone que mon père m'a obligée de lui dire que je ne voulais plus de lui. Je lui dis : « Je t'aime. » Il n'attendait que cela. Nous nous sommes réconciliés au grand dam de mes parents. Leur obstination n'a d'égale que la mienne.

De son côté, Walid a son plan. « Hussein est un mur entre nous : il va falloir agir », me prévient-il par téléphone sur un ton mystérieux.

Un jeudi, il m'enlève. Je m'en vais par le toit-terrasse, avec pour tout bagage mon téléphone portable et quelques affaires au fond d'un sac. Il m'attend posté au coin de la rue, appuyé contre un mur.

« Je t'ai fait attendre. Mes parents ne s'endormaient pas… »

Nous disparaissons dans l'obscurité. La nuit, chez Merza, son meilleur ami, il me demande en mariage.

« Veux-tu devenir mon épouse ? »

Il a prononcé les paroles magiques. J'exulte.

Ma mère découvre mon lit vide au petit matin.

« Elle a filé avec celui qu'elle aime ! Walid l'a sûrement enlevée. Qu'allons-nous faire ? »

Elle s'assied et commence par pleurer.

Ma sœur Hanan se présente quelques jours plus tard chez Merza.

Je la taquine :

« Tu viens de la part des parents ou en clandestine ?

– Je suis là incognito », sourit-elle, un doigt sur la bouche.

Nous rions, d'un rire joyeux et enfantin. Redevenant sérieuse, je lui annonce notre décision de nous marier :

« Nous en avons assez de devoir nous cacher. Je veux fonder un foyer. La date des noces est fixée : je me marie dans deux semaines.

– Cette fois, papa va vraiment s'énerver, pronostique Hanan. Il faudra du temps pour qu'il se calme. Les parents ont rompu avec toi, mais je ne crois pas que la brouille soit définitive. Tu les connais, Jinan. Papa n'a pas supporté que tu lui dises non. Il s'est fâché et ne peut pas se dédire, surtout avec vos projets. »

Une vraie diplomate, ma petite sœur. Le rôle de négociateur est toutefois dévolu à Merza, un cousin de Walid. Il est notre maître de cérémonie et doit à ce titre organiser les réjouissances. Nous nous sommes installés chez lui, comme le veut l'usage, jusqu'au jour « J ». C'est l'occasion de découvrir la vie commune sans les parents. Je me maquille pour faire plaisir à mon futur époux. Le soir, Walid et Merza devisent dans la cour, une bière turque à la main. Walid l'a choisi par amitié, mais aussi pour des considérations géographiques. Merza habite juste en face de chez Hussein. Walid défie son rival pour pousser son avantage sur lui. Fort heureusement, Hussein adopte un profil bas et ne se montre pas pendant notre séjour dans son voisinage.

La partie est en revanche serrée avec papa. Merza a la lourde tâche de le prévenir par téléphone. Sa réaction est brutale. Il entre dans une colère noire.

« Je ne t'ai pas élevée pour que tu ne respectes pas ton père et ta famille. Walid ne te mérite pas. Que vas-tu devenir avec ce bon à rien ? Il ne peut pas te donner un bel avenir. Renonce à lui. Je t'ordonne d'obéir ! On va te fiancer à Hussein. Si tu ne rentres pas, tu ne passeras plus jamais le seuil de notre porte. »

Il déverse sa rage dans le téléphone. Un déluge de mots durs et blessants. Je n'arrive pas à le calmer. Il menace de venir tout casser.

« Passe-moi Walid ! »

Il l'insulte et raccroche, furieux.

De son côté, ma mère envoie une messagère, Lalesh, mon ancienne camarade de classe et voisine. Mes parents me somment de redevenir une fille sage et obéissante. Si je ne cède pas, mon père et mes oncles vont attaquer la maison pour me récupérer de force. Merza nous demande de ne plus répondre au téléphone afin de prévenir les accrochages et alerte des proches pour qu'ils se tiennent prêts à intervenir en cas de descente musclée de papa. Mais les menaces restent verbales.

De guerre lasse, papa lâche prise. Il accepte à demi-mot la médiation de Merza. La dot est fixée à trois mille dollars. Les parents de Walid sont soulagés de ce dénouement. La somme est réunie par le père de mon futur époux et par Merza. Pendant ce temps, à Navdashte, papa jette dans un bûcher dressé dans la cour mes vêtements, mes jouets d'enfance, des photos. Il détruit mes souvenirs, mais il ne peut pas effacer le passé.

Walid et moi nous marions le samedi 18 mai 2013 à Bajarok.

Ce jour-là, je me lève, sans avoir réussi à fermer l'œil de la nuit, à quatre heures du matin pour régler les derniers préparatifs. Il fait encore noir. Se changer en princesse demande patience, minutie et un minimum d'organisation.

Je ne suis pas une grande coquette, mais les boutiques de vêtements de fête me font rêver depuis mon enfance avec leurs mannequins en cire et leurs jolies tenues pour dames en vitrine. Je m'attardais aussi longuement devant les images du photographe du village. Je contemplais les toilettes de mariée. Je me disais que la mienne serait magnifique. Elle l'est ! Mon choix s'est porté sur une splendide robe blanche à dentelles et froufrous, ajustée et rebrodée de perles. Il ne me reste plus qu'à l'enfiler. Toutefois, avant de me glisser dans ma plus belle tenue, j'ai d'autres préparatifs à accomplir. Je dois me coiffer d'un diadème, les cheveux tirés en arrière en chignon, pour dégager mon front. Et, pour la première fois de ma vie, je vais apparaître en public maquillée. Tous les regards seront tournés vers moi. Je dois être éclatante.

Fébrile, je suis attentive au moindre détail. Beyan, une cousine qui a travaillé dans un salon de beauté, m'assiste et me conseille. D'abord, passer sur mon visage du fond de teint couleur pêche, puis rehausser mes pommettes avec du fard à joues. Je m'applique. Je n'ai eu que quelques séances d'entraînement, réservées aux beaux yeux de Walid. Souligner le contour de mes yeux au khôl ; bien fondre l'ombre à paupières pour mettre en valeur mon regard.

Étaler un marron foncé sur la paupière, dessiner au crayon clair mes sourcils. Et pour finir une touche de mascara sur les cils, du rouge à lèvres carmin et de la poudre sur le nez. Le tour est joué.

De l'avis de Beyan, le résultat est à la hauteur de l'événement. Je me contemple dans le miroir, la bouche en demi-lune. « Jinan, tu es jeune et belle », sourit ma cousine.

Walid a des allures de star du cinéma indien. Les cheveux gominés avec de fines rouflaquettes qui descendent de ses tempes, il a opté pour un costume de soie noire avec, autour du cou, une large cravate beige clair au nœud desserré.

Sans vouloir me vanter, nous avons fière allure tous les deux. J'ai chaussé mes souliers de satin, des escarpins blancs à talons hauts. Il ne me reste plus qu'à ajouter les indispensables accessoires : un collier plat à plastron pour habiller mon cou dénudé et le haut de ma poitrine, des boucles d'oreilles en forme d'anneau avec pendentif et mes longs gants blancs en dentelle.

Walid ne tient plus en place. En début de matinée, nous fonçons au studio du photographe. Nous posons pour la postérité devant un faux décor de montagne aux couleurs pâles qui rappelle notre *djebel* et devant le jardin d'un château romantique en bord de lac. J'ai un bouquet de roses à la main. Je pose aussi seule, assise sur un monumental lit nuptial. Le photographe, un vieux monsieur qui a vu passer dans sa boutique plusieurs générations de jeunes mariés du bourg, fixe pour l'éternité ce moment de bonheur. Les photos sont dédicacées – en anglais pour faire chic – d'un « I need your love » ou de « God speed your love to me ».

Il est onze heures lorsque nous nous rendons, en un cortège de klaxons, aux célébrations religieuses. Je suis assise sur la banquette d'une limousine Kia, une voiture coréenne louée pour l'occasion et emballée dans des rubans et des couronnes tressées de fleurs blanches. Nous passons chez le cheikh, notre grand prêtre, pour une brève cérémonie de consentements réciproques. Nous embrassons sur l'autel le rideau sacré en tissu vert marqué de l'inscription *Yaḳode,* qui signifie « Ô mon Dieu ». Nos baisers sont espacés par celui d'un enfant qui doit, lui aussi, poser ses lèvres sur le tissu. Un rituel sans lequel nous pourrions devenir frère et sœur. Notre offrande versée, le cheikh consacre notre union. Nous rendons ensuite visite au pir, un prêtre de second rang. Sous sa direction, une cérémonie analogue nous attend. Seule change la couleur des étoffes, cette fois rouge et orange. La visite aux dévots nous permet de saluer les représentants de nos castes religieuses. La plus honorée est celle des cheikhs. Elle s'inscrit dans la descendance directe de Cheikh Adi, le fondateur de notre religion, et des familles de six de nos grands Anges qui nous gouvernent. Le cheikh est un homme saint, souvent doué de pouvoirs de guérisseur. Il peut soigner les morsures de serpent, la fièvre ou les rhumatismes, les maux de crâne et même, dit-on, les crises de folie. Les cheikhs transmettent leurs pouvoirs de façon héréditaire. Les pirs sont, quant à eux, des sages. Ils entretiennent nos temples et nos lieux de culte.

Une haie d'honneur nous est réservée à notre arrivée devant le domicile de Walid. Je fais de mon mieux pour ne pas trébucher dans mes escarpins. Une pluie de hourras et de papillotes en chocolat s'abat sur nous. Je jette mon bouquet de mariée : les filles se précipitent pour le ramasser. Ezin, une cousine de Walid, s'en empare la première. Elle sera, j'en suis certaine, la prochaine à franchir le pas.

J'ai enlevé mes souliers de satin devant l'entrée de la maison et baisé la porte par respect pour mes hôtes. La mère de Walid me donne, dans ma main gauche, l'anneau de mariage, en guise de bienvenue. « *Mabrouk* ! Félicitations ! » crient les invités. J'entre dans une chambre sombre escortée par une petite cousine et m'assieds sur un tapis. Zera, mon accompagnatrice, a moins de vingt-quatre mois, comme le veut la coutume. Elle sait à peine marcher. Je la serre tendrement dans mes bras contre ma poitrine. Par ce geste, je deviens sa marraine. Lorsqu'elle sera plus grande, lorsqu'elle atteindra l'âge de raison à sept ans, elle demandera :

« Qui est ma sœur de mariage ? »

On lui répondra : « Jinan. »

Nous avons tous été dans notre première enfance « sœur » ou « frère » de noces. Sauf Walid, qui n'a pas eu la chance d'avoir un mariage dans sa famille durant sa période d'aptitude.

Autrefois, la mariée restait cloîtrée, couverte d'un voile de la tête aux pieds, pendant trois jours. Elle se tenait au centre de la pièce obscure derrière un rideau jusqu'à ce que les hôtes eussent fini de fêter le mariage. Ce n'était qu'à l'issue des noces que son mari était autorisé à la rejoindre. Les temps ont heureusement changé.

Les formalités achevées, la fête commence. Le banquet se tient sur la place du village. Merza, notre maître de cérémonie, a réglé tous les détails de la noce. Walid a deux garçons d'honneur, les *brasava*, en costume-cravate noir. Un somptueux repas est servi. La scène est occupée par le chanteur Tazem Smoké, une vedette de la chanson yézidie. Nous l'avons payé cinq cents dollars, une véritable fortune pour nous. Tazem Smoké soulève l'enthousiasme de nos invités. Il nous fait danser sur des airs de variété kurdes. La danse des épaules, qui, comme son nom l'indique, consiste à bouger les épaules en gardant le buste droit, fait se dresser l'assemblée. Danseurs et danseuses se donnent la main et sautillent en cercle.

À dix-sept heures, c'est le défilé des invités dans la maison des mariés. Ils nous couvrent de présents. Les cadeaux vont du ventilateur au lingot d'or, en passant par la machine à laver le linge et les bracelets d'argent et les bijoux en or. Certains accrochent des billets de banque à ma robe.

À la tombée de la nuit, les agapes prennent une tournure intime. Seuls les proches sont encore présents. Walid et ses amis sirotent du whisky. Les audacieux mélangent leur malt à des boissons énergisantes. Je suis heureuse. L'absence de mes parents me navre. Personne n'a osé venir, à l'exception de ma grand-mère adorée et d'un de mes oncles. Je peux les comprendre. J'ai du chagrin, mais j'ai mon amour et ma liberté à défendre.

La brouille dure un an. Au printemps 2014, un de mes oncles parvient, à force de patience et de persuasion, à organiser une rencontre en terrain neutre, chez lui. J'embrasse la main de mon père en signe d'allégeance, mais il reste sans réaction. Nous frôlons à nouveau le clash. Mes parents acceptent finalement de m'adresser la parole le lendemain. Nous renouons en jurant d'oublier nos rancunes. Je reviens même passer quelques nuits à la maison pour sceller nos retrouvailles. Papa, lui, a changé de cheval de bataille depuis que la mère de Hussein a proposé de marier son fiston à Hanan. Ma sœur, bien entendu, refuse, mais, cette fois, père n'insiste pas longtemps.

Chapitre 3
LA PRISON DE BADUSH

Amina part avec moi — Une halte à Tal Afar — La prison de Badush — La vieille Gulé et ses filles nous prennent sous leur aile — Randa me confie Jano, son bébé — Déjouer le regard des hommes qui cherchent une fille pour la nuit — Randa est séparée de son fils Daoud — La fausse attaque aérienne — Retour à Tal Afar.

Ce matin, j'ai en bouche le goût amer de la servitude. La mine effrayée et hagarde de ma jeune belle-sœur, hier encore pétillante et excitée, m'émeut. Amina est amorphe. L'incompréhension se lit dans son regard. Je lui ai donné mon quignon de pain et ma part de fromage, mais elle n'a rien mangé.

Amina est une fille douce. Son visage ovale est encadré de cheveux bruns et doux comme de la soie, sa peau est fine et claire. Sa poitrine pointe sous son tee-shirt rouge, mais elle est encore une enfant. Elle n'a que douze ans. Elle est allongée à côté de moi. Nous avons l'interdiction formelle de nous lever, même pour nous rendre aux toilettes. Nous sommes dans l'incertitude. Que vont-ils faire de nous ? Que se passe-t-il à l'extérieur ? Je n'en ai pas la moindre idée.

Haut dans le ciel, un avion tourne. Son bourdonnement agace les gardes. Un vol de reconnaissance, sans doute, puisque le point minuscule finit par disparaître. Je me prends à imaginer, un instant, des parachutistes tombant des nuages pour nous sauver.

Dès que l'avion a disparu, la ronde des insultes repart pour un tour. Je me fais traiter sans raison de « chienne ». Je rentre ma tête dans mes épaules.

Deux heures plus tard, des bus se garent devant le siège du PDK.

« Debout les mécréantes ! Levez-vous ! On s'en va ! » lance à la cantonade un barbu en *battle-dress*.

Nous nous entassons à six cents femmes et enfants dans trois autocars. Devant, derrière, à droite, à gauche, des corps s'agglutinent, ils me compriment. Cela sent la poussière et la sueur aigre. L'air est étouffant, irrespirable.

Nous roulons vers Tal Afar. Cette destination me fait peur. Même défigurée par l'occupation des tueurs de l'État islamique, la ville de Sinjar reste un endroit familier. Nous y avons des temples et des cimetières. La ville appartient à notre monde. Elle s'étend au pied du *djebel* qui tombe en pentes raides sur nos villages. Il en va différemment de Tal Afar. La ville se trouve dans la plaine de Ninive, sur la route de la Syrie. Quand j'étais enfant, mon père comparait cette ville peuplée d'Arabes et de Turkmènes à un nid de guêpes. Il m'avait expliqué que, lorsque les Américains se battaient en Irak, la cité était une étape pour al-Qaida sur le chemin de Damas à Bagdad. Les djihadistes s'y donnaient déjà rendez-vous, des quatre coins de la planète.

À l'époque, les yézidis étaient déjà une cible. J'allais sur mes dix ans quand quatre attentats-suicides à la voiture piégée d'une puissance incroyable se déroulèrent en même temps dans quatre villes de la région. Avec un bilan de huit cents morts et mille cinq cents blessés, ce furent les attaques les plus sanglantes de la guerre américaine en Irak. Nul ne revendiqua ce massacre de yézidis. Les Américains tuèrent quelques semaines plus tard un terroriste présenté comme le responsable des tueries. Puis les Occidentaux rentrèrent chez eux et, chez nous, l'État islamique remplaça al-Qaida.

Une heure de trajet sépare Sinjar de Tal Afar. Nos vies doivent avoir encore une certaine valeur, à en juger par notre escorte. Le convoi est précédé et fermé par un pick-up équipé d'une mitrailleuse lourde. Sur la route, nous apercevons les véhicules militaires calcinés des peshmerga.

Je ne relâche pas mes efforts obstinés et patients pour me rapprocher de la fenêtre. D'une poussée, je réussis une percée vers l'avant du bus. Je suis comprimée derrière le chauffeur, un Arabe de Mossoul qu'une prisonnière interpelle :

« Pourquoi acceptes-tu de nous mener vers la mort ? lui demande la prisonnière à bout de nerfs.

– Ma mission est de conduire ce bus de Sinjar à Tal Afar. Je suis chauffeur, *khalass* ! Le reste ne me concerne pas.

– Tu n'as pas de mère ? Tu n'as pas de filles ? insiste la yézidie. Tu n'as pas de pitié ?

– Je n'y suis pour rien et je ne peux rien pour vous. Je suis comme vous. J'ai une mère, une femme et trois filles, mais j'obéis aux ordres.

– Tu diras à ta fille aînée en rentrant chez toi ce soir ce que tu as fait ? Tu auras le cran de ne pas lui cacher la vérité ? »

Le chauffeur détourne la tête pour piquer du nez sur son volant.

À Tal Afar, nous sommes entourés à notre descente du car par une vingtaine de djihadistes. Nous devons patienter devant un bâtiment scolaire. À l'entrée, je donne mon nom à un employé aux écritures en calotte, longue barbe sans moustache et *kameez* réglementaires. Il transpire à grosses gouttes. Le greffier de Daech griffonne mon identité sur un cahier à spirale pour préparer, prétend-il, ma « carte de l'État islamique ». Pour quelles raisons sommes-nous parquées ici ? À quoi riment ces changements de site ? Encore et encore des questions sans réponse. La fatigue submerge peu à peu ma lucidité.

Pareille à une magicienne, je m'offre un moment de tendresse au milieu des brutes. Je sors avec mille précautions la photo du bonheur que j'ai cachée dans mon soutien-gorge avant le vol des bijoux. Ni vu, ni connu. Je la serre dans ma paume, la main contre ma poitrine. Un appel au départ interrompt mon songe.

Notre errance reprend. Tal Afar n'était qu'une halte. Je serais presque indifférente à nos pérégrinations si le terminus annoncé n'était pas Badush, dont le nom se répète de captive à captive. Synonyme d'enfer, Badush inspire la crainte à toutes. J'ai l'impression d'une descente au plus profond des ténèbres.

Badush rime avec carnage. En juin, l'État islamique y a assassiné plusieurs centaines de personnes.

Durant le trajet, le souvenir de la tuerie hante les esprits.

« On ne sort pas vivant de Badush ! On ne revient pas de cette prison ! Mon époux Adnan est mort là-bas », gémit une femme. Les visages se tournent vers elle. Des boucles noires dépassent de son châle de paysanne. La sueur les colle sur son large front. La veuve pose ses mains sur les épaules de son garçon, un gosse édenté qui affiche sur son maillot aux couleurs de l'équipe du FC Barcelone le numéro 10 de Messi. « Je suis sûre qu'Adnan est mort. S'il était vivant, nous aurions eu de ses nouvelles après l'assaut de la prison. S'il avait pu s'en sortir, il serait rentré à Sinjar », dit-elle. Son mari avait écopé de deux ans de prison ferme pour vol de cuivre, il s'agissait de fils électriques. Il venait juste d'être jugé. « Ce n'était pas un mauvais bougre. Nous sommes pauvres et nous avions besoin d'argent pour payer une opération médicale de la hanche à sa mère », dit la femme au fichu, décidée à livrer un récit détaillé de l'affaire. Autour d'elle, les oreilles se tendent. « Il est sorti une nuit pour abattre un pylône d'une ligne électrique au bord d'un champ. Il voulait récupérer le cuivre pour le revendre aux marchands de ferraille. Adnan était parti seul, sans me prévenir. Il ne voulait pas m'inquiéter. J'aurais eu peur qu'il s'électrocute ou qu'il se fasse prendre. Il n'a rien dit à personne. La police l'a surpris en flagrant délit. Il ne méritait pas de mourir assassiné devant un fossé. Maintenant, ça va être mon tour d'y passer. Mon Dieu, que les Anges sauvent mon fils ! » La veuve s'est brusquement figée pour se plonger dans ses sombres pensées. Son récit et, avec lui, celui de la tuerie se répandent parmi les passagers, de l'avant à l'arrière du bus.

Le 10 juin, lorsque l'État islamique s'est emparé de Mossoul, la deuxième ville d'Irak, les soldats irakiens en déroute ont quitté précipitamment Badush. Les gardes ont laissé derrière eux 1 800 prisonniers : des meurtriers de droit commun, des petits voleurs, des terroristes, des opposants sunnites, des chiites. À leur arrivée, les djihadistes ont séparé les détenus d'origine sunnite, comme eux, des chiites, leurs ennemis. Ils ont libéré les premiers dans un élan de fraternité. La plupart d'entre eux ont rejoint Daech avec la promesse d'une solde et d'un logement. Les chiites et les apostats yézidis ont été traînés vers un terrain vague, aux abords de la route Badush-Tal Afar, pour être exécutés sans autre forme de procès. Les suppliciés étaient plus de 500. Les bourreaux les ont tués deux par deux, puis dix par dix pour aller plus vite et enfin par rangées entières à la mitrailleuse pour finir le travail. Les corps basculaient dans les fossés. Les blessés furent achevés d'une ultime rafale de kalachnikov. Adnan, le yézidi, a subi le sort des chiites.

La prison de Badush se dresse au bord de l'autoroute, non loin du fleuve Tigre. La vue de ses miradors glace le sang. Les hautes murailles et les haies de grillage couvertes de fils de fer barbelés m'effrayent. L'entrée est gardée par des automitrailleuses. Nous franchissons le portail en une vague humaine, nous sommes des centaines de femmes et d'enfants. Les gardes ont hissé les étendards noirs de l'État islamique sur les tours. Il faut traverser un sas, puis nous parvenons à une vaste esplanade écrasée par le soleil de midi.

Gulé, une femme âgée, malade et incontinente, est allongée à côté de moi sur une couverture. Ses quatre filles en soulèvent les coins quand elle doit être déplacée. La vieillarde m'a tout de suite prise en affection. Elle est grande et voûtée, sa face longue comme celle d'une jument est toute ridée. Gulé a, dans ce monde féminin, des allures de reine déchue, une reine un peu fêlée et exubérante entourée de sa cour de filles et de sa ribambelle de petits-enfants.

« Ils vont me vendre et me violer, lui dis-je.

– Si on cherche à te souiller, suicide-toi. Tu mourras en lavant ton honneur et ta honte », me conseille-t-elle sur le ton pédant pris quelquefois par les anciens lorsqu'ils veulent étaler leur sagesse.

« Une femme yézidie n'a pas d'autre choix que la mort après un viol. Elle doit disparaître. Sa dignité lui commande de mettre fin à ses jours pour ne pas accabler les siens », insiste-t-elle. Je la regarde droit dans les yeux, les bras croisés. « Tu as compris ce qu'il se passe ? Si ce n'est pas le cas, je vais t'expliquer, ma petite. D'abord, ils vont continuer à nous séparer. Les jeunes femmes seules comme toi vont être embarquées pour être violées. Ils se moquent de te savoir mariée. Tu as bien vu, ils se servent, ils choisissent les plus belles filles, comme un paysan ramasse ses tomates dans son champ. » L'oiseau de mauvais augure n'en a pas fini. « Le premier jour, ils ont pris les hommes et maintenant ils vont prendre les garçons. Je les ai entendus dire tout à l'heure qu'ils vont les emmener. Ils ne se méfient pas de moi : ils me prennent pour une vieille folle, mais je les connais, ces salauds. Ils vont enfermer les gamins de plus de dix ans dans des camps pour leur laver le cerveau. Ils vont les imprégner de leurs versets du Coran. Ils vont les entraîner pour qu'ils deviennent de bons petits soldats de Daech. Et quand ils le décideront, ils les enverront en kamikazes se faire sauter avec une ceinture d'explosifs autour de la taille sur le marché, devant le stand où tu achètes tes herbes aromatiques.

– Tu as raison, maman, je préfère mourir. Ils vont me violer et prendre mon Daoud pour l'éduquer dans leur croyance. Pourtant, ce n'est qu'un enfant, l'interrompt Randa, sa deuxième fille. Je ne vais pas le quitter. Je ne leur permettrai pas de le prendre. »

Daoud a onze ans, une bouille ovale et une coupe de cheveux au bol. Il n'écoute pas sa grand-mère et cela vaut peut-être mieux.

Gulé a des idées sur tout et même sur le meilleur moyen de me sauver. Elle chuchote à l'oreille de sa fille, la main devant la bouche. Les deux femmes ponctuent leur conciliabule de sons étouffés. Puis Gulé prend un air grave :

« Écoute, Jinan. J'ai un plan. Tu prends Jano, le bébé, avec toi. Randa gardera son fils et sa fille aînée. Elle est d'accord », dit la grand-mère.

Randa insiste :

« S'il te plaît, Jinan, accepte ! S'ils nous posent des questions, on dira la vérité, mais on va tenter notre chance. Tant que tu seras avec lui, ils n'oseront pas te violer. On pourra rester ensemble. Tu vas t'occuper du bébé comme s'il était ton propre fils. Promets-moi de le protéger !

– Je le jure ! »

Elle me tend le nourrisson âgé de six mois. Je serre Jano dans mes bras. À six mois, il a une frimousse joufflue, un petit nez pointu et des yeux en amande. Assise en tailleur, je le pose entre mes cuisses pour le bercer dans un lent mouvement de jambes.

« Tu vois, ça va aller ! On dirait que tu as pouponné toute ta vie », dit Gulé.

Avec elle, les encouragements sont des ordres : « Tiens le choc, et quand vous serez libres, tu le rendras à sa mère. »

Des djihadistes passent et repassent devant nous.

Théâtrale, elle se redresse sur sa couverture et en désigne un du doigt :

« L'apostat, c'est toi ! hurle-t-elle.

– Espèce de vieille dingue ! » grogne le garde.

Je présente à Amina, la petite sœur de Walid, son nouveau « neveu » et mets dans la confidence Mayade et Leila, des cousines âgées de dix-sept et quatorze ans que j'ai retrouvées à Badush.

Livrées à elles-mêmes, les deux jeunes filles explorent les recoins de la prison, dans l'espoir, improbable, de découvrir une faille dans le système de surveillance ou, mieux, un trou à creuser dans un mur. La cadette suit sa sœur comme une ombre. Elles se sont aventurées dans des couloirs noircis par un incendie. Les deux ont traversé une salle de torture, elles ont vu les chaînes fixées dans les murs, des crochets pendus au plafond, une cage et une table sur laquelle traînent des fils électriques. Mayade et Leila ont même découvert une salle de théâtre, où les prisonniers devaient se distraire un peu en faisant les acteurs. Il y a encore des photos de saynètes punaisées sur un tableau. J'écoute leurs bavardages d'une oreille distraite. Jano pleure de faim. Tout à l'heure, je me suis dérobée à l'appel pour la distribution de lait, car les gardes réclamaient l'identité des bébés.

Avec ses femmes en détresse et ses enfants en larmes, Badush ressemble plus à un camp de transit qu'à une prison. Nous sommes internées derrière de hauts murs couverts de barbelés dans l'attente d'être sélectionnées.

Le soir, la température retombe enfin. Dans l'obscurité, des rumeurs courent d'un groupe à l'autre. La vie continue… personne n'oublie les rites, mais il faut bien les adapter, nous ne sommes plus à la maison, c'est ainsi que je découvre le rite du fil blanc. Nous, les femmes yézidies, avons pour coutume d'enfiler un linge de nuit blanc, mais, comme nous n'en avons pas ici, l'idée de le remplacer par un simple fil de la même couleur s'est répandue à la vitesse de l'éclair. Nous portons toutes notre symbole en collier, noué autour du cou. À en croire Gulé, notre guide religieux, Baba Cheikh en personne, aurait secrètement transmis l'instruction.

Les matons ne prêtent aucune attention à ces fils qui pendent à nos cous pendant la distribution du repas.

« Mangez du raisin ! On s'est servi dans vos vignes de mécréants », raille leur chef.

Moqueur, il cherche à ridiculiser les paysans que nous sommes. Nos hommes ont abandonné leurs champs, livrés, faute de surveillance, aux pillards.

À cette heure du soir, les djihadistes sont en quête de chair fraîche. Avec Jano à mes côtés, je me sens moins vulnérable. J'aimerais tant, cette nuit, ne plus avoir dix-huit ans et être déjà une femme âgée pour ne pas attirer les regards concupiscents des pervers de l'État islamique.

La peur du viol me tenaille. J'entends dans la pénombre les pas des sentinelles. Je suis étendue sur le sol. Des hommes circulent parmi nous. Le faisceau lumineux de leurs lampes de poche zigzague à la recherche de nos visages. Vulnérables et impuissantes, nous sommes à leur merci. Dès que l'une d'entre nous est repérée, elle baisse la tête pour dissimuler son visage. Parfois en vain, à en juger par les cris.

Une ombre m'enjambe. Je sens son pied heurter mon ventre. Mon châle me couvre du cou au sommet du crâne. J'ai le nez plongé à l'intérieur de mon coude, le bras replié. J'arrête de respirer. J'ai de la chance : il me voit sans me remarquer. Je me sers contre Jano et Amina. J'ai sorti la photo de mon mariage. Je la tiens comme un talisman.

Le matin, je suis réveillée par un soleil jaune et morne aux rayons déjà accablants. Le thermomètre promet de monter à cinquante degrés à l'ombre. Et, de l'ombre, il n'y en a pas dans cette étuve aussi sordide que désespérante. Je me sens misérable avec mon bout de galette de pain au goût de papier mâché, ma tomate et mon morceau de concombre tombé par terre. Je pourrais aller m'abriter dans un cachot, mais on y suffoque, faute d'aération, et il est hors de question de m'avancer dans ce dédale hanté par les violeurs. Dans les cellules de Badush, personne ne vous entend crier et personne ne viendrait me porter secours.

Je suis crasseuse. Vraiment très sale. J'aspire à parvenir à un état de saleté vraiment repoussant. C'est mon arme de dissuasion. Je me dégoûte. Cela suffira-t-il à écœurer les mâles qui me tournent autour ? J'évite la salle d'eau aux portes pourtant grandes ouvertes. Je fais la grève de la toilette. Je suis entrée en résistance passive. Quelle odeur ! J'en ai des nausées !

Je porte depuis la fuite de la maison des parents de Walid une robe d'été légère qui descend à mi-mollets. Ses motifs bleus et jaunes sont souillés. Je ne quitte pas mon châle. Il me sert à me protéger tant bien que mal du soleil, de la fraîcheur nocturne du désert et des regards masculins.

Mes cheveux longs sont en friche. Imprégnée d'une pellicule de poussière terreuse, la peau de mon visage a pris une teinte brunâtre. Je transpire, je sens le chien mouillé. Les mauvaises odeurs imprègnent mes vêtements. Mes pieds empestent. Nous puons toutes. Il se dégage de la cour de la prison une odeur infecte et insupportable. Ma tête me démange. J'ai des boutons et des allergies. Je vois Walid. Son visage est déformé par une grimace de peur. L'air me brûle, les couleurs s'estompent. Tout est blanc autour de moi. Tout est pâle sous la fixité du soleil. Je bous comme dans une cocotte-minute prête à éclater.

Des hurlements de mères et des cris d'enfants me sortent de ma torpeur. L'enlèvement des garçons a débuté. Randa l'a deviné dès l'entrée dans la cour de combattants de Daech à la mine particulièrement patibulaire. Après un bref conciliabule, ils fendent les rangs des prisonnières.

Randa enlace Daoud en lui parlant doucement.

« On ne va pas pouvoir rester ensemble, mon fils. Tu vas devoir partir et je ne pourrai pas venir avec toi. Ils ne le permettront pas. Tu vas t'en aller avec les autres garçons.

– Mais, maman, je dois te protéger. Je veux rester ici.

– Mon chéri, tu es mon aîné, mon fils adoré. Nous n'y pouvons rien : ils sont les plus forts, mais garde espoir.

– S'il te plaît, ne les laisse pas me prendre.

– J'ignore où ils vont te conduire, mais je sais que tu auras de la chance. Je serai toujours avec toi. Je penserai à toi. Tous les jours. Je te retrouverai.

– Maman ! Garde-moi !

– Je ne peux pas, mon âme ! »

Randa retient ses larmes. La gorge nouée, elle chantonne à voix basse une comptine :

« Je chante une berceuse pour mon enfant chéri,

Pour que le vent du nord vienne caresser ses cheveux,

Je chante une berceuse du fond de mon cœur… »

Randa et Daoud sont blottis l'un contre l'autre.

« Chante encore, maman.

– Souviens-toi, mon fils, c'était ta préférée quand tu étais petit. »

Elle lui caresse les cheveux.

« Que tes yeux ne soient jamais sombres.

Dors mon enfant chéri, dors !

Que le désert et la plaine soient ton doux oreiller.

Dors mon enfant chéri, dors !

Ferme un moment tes doux yeux sur ce monde.

Tu es la lumière de mes yeux, l'âme de mon corps.

Tu es ce que j'ai de plus précieux au monde. »

Deux gardes-chiourmes s'approchent en vociférant.

« J'ai très peur, maman.

– Ça ira, mon petit Daoud !

– Maman, j'ai peur de ne pas retrouver le chemin. »

Un djihadiste s'est approché d'eux, de nous.

« Ne le touche pas, saloperie ! Lâche-le. »

L'index pointé, Gulé lance des anathèmes depuis sa couche.

Le djihadiste lui balance un coup de botte dans les reins sans parvenir à la faire taire.

« Je te maudis. Tu te dis envoyé de Dieu, mais Dieu ne fait pas le mal.

– Ferme ta gueule, vieille carne », crie le kidnappeur.

Randa serre Daoud contre sa poitrine, lui remet sa casquette sur la tête. Elle s'emporte :

« Je ne vous laisserai pas faire. »

Le djihadiste soupire entre ses dents.

« Allez ! On y va. »

Il appelle en renfort deux hommes. Les gardes séparent la mère de son fils à coups de crosse de fusil d'assaut. Les coups partent d'abord dans les côtes puis dans le ventre. Randa et son fils sont pliés en deux. Elle tombe. À genoux, elle supplie.

Daoud est traîné vers l'entrée de la cour et placé avec les autres garçons de son âge. Ce ne sont pas encore des hommes, juste de grands garçons. Daoud se frotte les yeux avec son poing, en tirant la manche de son sweat : il a perdu sa casquette dans les échauffourées.

Randa, assise à côté de Gulé, pleure sans retenue.

Je pense à ma mère. J'espère qu'elle a pu quitter la région sans dommage avec la famille. Si seulement je pouvais téléphoner.

Je commence à regretter d'avoir donné aussi facilement mon téléphone portable lors de mon arrestation, ainsi que notre or, notre argent et mes bijoux, mais je me raisonne : les assaillants ne m'ont pas laissé le choix. Ils avaient menacé de me tuer d'une balle dans la tête s'ils découvraient que j'avais désobéi. « On te fouillera », m'avaient-ils prévenue. Ils ne l'ont pas fait. Ils ne m'ont pas examinée sous toutes les coutures.

Ici, à Badush, un portable vaut toutes les richesses de Babylone. Quelques filles sont parvenues à en dissimuler. L'une d'elles, une dénommée Lava, a envoyé en cachette un SMS à son père. Ils ont échangé des textos. L'histoire a fait le tour de la cour.

« Papa ! Nous sommes à Badush ! On est entassé ! J'ai soif ! Je ne sais pas ce qu'ils vont faire de moi ! Je veux mourir ! Pardonne-moi !

– Sois courageuse, ma fille ! Je vais te donner le numéro de téléphone de Vian Dakhil, la députée yézidie. Elle vient de lancer un appel au Parlement, à Bagdad, pour vous sauver. »

Lava est parvenue à joindre Vian Dakhil. C'est une fille d'une grande famille yézidie qui a étudié la biologie. Je sais que son père a été ministre dans le gouvernement des Kurdes du président Massoud Barzani. Elle s'est lancée dans la politique et a été élue députée. Dans notre communauté, Vian Dakhil est admirée. Elle a toujours défendu notre peuple contre l'injustice et l'oppression.

Lava n'a pas froid aux yeux. Elle a réclamé un bombardement pour en finir avec les viols et l'humiliation. Beaucoup d'entre nous sont d'accord. Plutôt en finir pulvérisées par un raid aérien que périr petit à petit, réduites à l'esclavage. Mais

Vian Dakhil refuse de nous voir sous un tapis de bombes. Elle plaide en faveur d'une opération aérienne de diversion.

Lorsque les deux avions apparaissent, je pense qu'il s'agit, comme à Tal Afar, d'un simple survol de reconnaissance. Leur passage est salué par une clameur. Les deux appareils brillent dans l'azur. Je distingue leurs courtes ailes blanches et leur nez pointu. Les gardes paniquent. Ils cessent d'aboyer des consignes que plus personne n'écoute et longent les murs pour gagner le sas de sortie. Ils s'en vont ! Nous voilà soudain débarrassées d'eux. L'excitation se mêle à la stupeur. Le cauchemar va se terminer par notre évasion, ou par un carnage sous les bombes… ?

Les avions s'éloignent, disparaissent de notre champ de vision, puis reviennent à une altitude un peu plus basse, sans essuyer aucun tir. Deux énormes explosions retentissent. Je me bouche les oreilles. L'air vibre, le sol tremble.

Nous nous précipitons toutes vers le portail, prêtes à tomber sous les balles. Impossible de l'ouvrir. Les membres de Daech ont quitté les lieux. Ils se sont mis à l'abri à l'extérieur du mur d'enceinte. Mais ils ont pris le soin de verrouiller les portes de fer.

La foule s'agglutine devant la sortie comme un essaim affolé. Vues du ciel, nous devons ressembler à des insectes qui cherchent une issue introuvable.

L'opération de sauvetage imaginée par Bagdad a échoué. Après l'émoi, l'abattement nous gagne.

Les combattants de Daech reviennent soulagés de s'en être sortis à si bon compte. Ils sont surtout furieux d'avoir été pris pour cibles.

« Entrez dans les cellules. On ne veut plus voir personne dans la cour, commande un combattant de Daech. Évacuez ! Les avions vont revenir frapper !

– On se fiche de crever ! lance Gulé. Nous n'avons rien à perdre. Nous préférons les bombes des Irakiens ou des Américains à vos balles ! »

Nous ne nous déplaçons pas d'un millimètre.

« Dans les cachots ! » crient les matons.

Personne ne bouge. L'heure est à la résistance passive.

La curieuse attaque aérienne qui n'en était pas une a décontenancé les soldats de l'État islamique.

Quelques heures plus tard, l'ordre d'évacuation tombe. Nous quittons la prison, encadrées par nos gardiens et nous montons à nouveau dans des bus pour retourner à l'école de Tal Afar.

Et si ces avions étaient le signe que, malgré nos épreuves, nous ne sommes pas oubliées ? Je n'ose y croire.

Chapitre 4
VENDUE

Les marchés aux esclaves des maisons de Mossoul — Le suicide de Jilan — Abdallah le « maquignon », grossiste en femmes — L'hôpital.

De retour à Tal Afar, nous descendons du bus pour rejoindre l'école à pied. Gulé ouvre le cortège, portée à bout de bras par deux de ses filles. À sa suite, Amina, Mayade et Leila. Pièce rapportée, je ferme la marche avec mon « bébé » dans les bras. Nous sommes dix-huit membres de la « tribu de Gulé » à nous présenter d'un bloc au point de contrôle.

« Alors, comme ça, vous êtes venues en famille, ironise, debout, les bras croisés, le combattant de l'État islamique qui surveille l'entrée.

– Comme tu peux le constater, réplique Gulé.

– Eh la vieille, pour commencer, tu me parles sur un autre ton. On va vérifier votre pedigree, prévient-il, ombrageux. Ensuite on va vous convertir autant que vous êtes. Tu vas adhérer à l'islam, la religion du droit et de la raison, et les autres vont suivre ton exemple. Tu vas donner tes filles à l'État islamique pour qu'elles se marient et tes petits-enfants pour qu'ils soient éduqués selon les bons préceptes de l'islam, et tout ira pas trop mal.

– Je ne vais pas insulter ma religion. Je n'ai pas l'intention de me renier et encore moins de donner mes filles. Ce sont mes enfants, ils ne vous appartiennent pas. Je les ai mis au monde comme ta mère t'a mis au monde.

– Laisse ma mère hors de ça.

– Je suis née yézidie. Ma religion est la lumière de mes yeux. Tu ne peux pas me l'enlever.

– C'est cela, mais je peux te rendre aveugle en arrachant tes yeux à la petite cuillère. Penses-y ! Dans l'État islamique, nous n'acceptons pas de partager notre existence avec les mécréants. C'est *haram* ! Interdit ! Tu comprends ce que je te dis ? Cela ne te suffit pas d'être paralytique ? Tu es sourde, aussi ? Nous ne voulons pas d'infidèle sur le territoire du califat. Accepte de devenir musulmane, et tu prendras la maison d'un de ces chiites qui ont fui. Tu seras considérée comme une croyante parmi les croyantes. Nous sommes justes, car Dieu le veut ainsi.

– Plutôt crever ! »

Gulé est inflexible. Assise sur le trottoir, elle lance des regards de défi.

« Tu ferais mieux de renier ta foi, car elle ne vaut rien, insiste le djihadiste qui a entrepris de se curer le nez avec l'index. En islam, la mort mène le croyant au jardin d'Allah.

– Un paradis où l'on parle arabe comme à Mossoul ? Très peu pour moi. Je suis kurde », s'agace Gulé.

– Il paraît que vous croyez à la réincarnation. Tu vas ressembler à quoi dans ta prochaine vie ? De quel misérable animal ton âme va-t-elle prendre l'apparence ? Tu vas te transformer en souris ? Ou en rat ? Un rat qui court dans la merde et les égouts. Non, mieux : tu seras une punaise, un cafard que j'écraserai du talon », dit-il en accompagnant ses paroles d'un geste du pied.

Gulé hausse les épaules.

Le bonimenteur de l'État islamique perd patience.

« Après tout, c'est ton problème, se lasse-t-il. Assez discuté ! Les mères et les enfants passent à ma droite, les jeunes filles et les célibataires à ma gauche. »

Notre petite tribu tente de s'engouffrer en rang serré dans le passage de droite.

Gulé, ses filles et leur marmaille franchissent le seuil de l'école. Je suis bloquée avec Jano et Amina. Ma jeune belle-sœur est poussée à gauche, avec les adultes célibataires. Je proteste. Elle a douze ans, mais je prétends qu'elle va sur sa dixième année.

« On s'en fiche. À gauche », crie le djihadiste.

Amina se prend une claque.

« C'est comme cela que nous parlons aux enfants d'apostats », commente-t-il.

Vient le tour de Mayade et Leila. Elles sont placées d'office à gauche.

« Pas la peine de vérifier la virginité de ces deux-là ! », rigole-t-il.

Je m'avance vers lui. Le bébé est collé contre moi, ses bras autour de mon cou. Il somnole.

« Ton prénom ? demande le contrôleur.

– Jinan.

– Tu as quel âge ?

– Dix-huit ans !

– Tu es mariée ?

– Je suis mariée.

– Comment s'appelle le bébé ?

– Jano.

– Il est à toi ?

– C'est mon fils.

– Prouve-le !

– Jano est mon enfant. Je l'ai porté dans mon ventre. Je l'ai nourri de mon sein. Je reconnais les yeux fermés ses cris et son odeur. Tu comprends ?

– Tu mens, mécréante !

– Je dis la vérité. »

Il reluque ma poitrine.

« Admettons, va à gauche avec ton bébé.

– Mais je veux rester avec ma famille !

– J'ai dit à gauche ! On ne discute pas. Tu nous suis avec le petit. »

Je croise le regard affolé de Randa. Elle m'implore de lui rendre l'enfant. J'ai un moment d'hésitation, vite réprimé. J'avais déjà adopté Jano. Je rends le garçon à sa mère. Je la remercie pour son infinie générosité et lui souhaite bonne chance.

Le djihadiste éclate de rire.

« Alors comme ça, on se refile les gamins ! Dégage, traînée », s'exclame-t-il.

Il crache par terre, contemple son glaviot et me lance :

« Tu pars avec les filles à Mossoul. »

J'attends avec Amina, Mayade et Leila la fin du tri. Gulé et les siens sont admis dans l'école.

Je n'ai pas revu la vieille femme à la couverture. Elle a eu le cran de braver Daech, les yeux dans les yeux. Elle est morte peu après notre séparation, entourée de ses enfants. La chaleur suffocante, le stress et l'épuisement l'ont tuée. Son cœur s'est arrêté de battre. Un surveillant a roulé son corps dans sa couverture, il a porté le cadavre sur l'épaule et s'en est débarrassé dans un terrain vague, dans les parages du bâtiment scolaire. Il l'a livré aux chiens errants.

Nous montons encore une fois dans un car. L'État islamique a dû réquisitionner les véhicules des compagnies privées de transport de la région pour accomplir sa sale besogne. Il a pillé les dépôts des agences de voyages tenues par les chiites.

Nous sommes une centaine, amassées dans le car, provenant de Badush. Une odeur de pétrole, âcre et forte, se mêle aux relents de transpiration. Nous roulons vers l'est. Nous traversons des champs pétrolifères, avec leurs mares de liquide sombre, leurs torchères et leurs derricks.

Je me sens mal. J'ai des douleurs dans les reins et les articulations. J'ai de la fièvre.

J'ignore la raison pour laquelle Daech me ballotte d'un endroit à l'autre depuis la grande rafle du 4 août. Pourquoi nous parquent-ils dans des bâtiments publics sans cesse différents ?

Nous entrons dans Mossoul par l'un des ponts qui franchissent les méandres du Tigre. La ville, la deuxième d'Irak, est la capitale des islamistes depuis qu'elle est tombée en juin aux mains de l'État islamique. Comme n'importe quelle métropole irakienne, elle est grise et terne, sale et polluée. La circulation y est impossible dans le centre dès que les avenues se rétrécissent. Sur les trottoirs bondés en ce début de soirée, je ne vois pratiquement que des hommes. Quelques femmes circulent sous des robes et voiles noirs. J'entends le mégaphone d'une camionnette cracher des consignes inaudibles.

L'autocar s'est garé à côté d'une mosquée importante, à en juger par la puissance des décibels des appels de son muezzin. Nous sommes guidées vers une grande maison de deux étages.

Je me déchausse et pose ma paire de baskets mauves sur le perron. Je pénètre dans un immense salon de réception à colonnades, au sol de marbre couvert de tapis. La pièce est dépourvue de mobilier. Des dizaines de femmes sont rassemblées dans cette sorte de hall à plafond haut.

Des combattants circulent parmi elles. Ils plaisantent d'un rire gras, déambulent, déshabillent les filles des yeux, pincent les fesses. L'un d'eux fait la moue.

« Elle a de gros nichons, celle-là, mais je veux une yézidie aux yeux bleus. Avec un teint pâle. Ce sont les meilleures à ce qu'il paraît. Je suis prêt à mettre le prix qu'il faudra. Si Dieu le veut, je vais en trouver une. En tout cas, merci de m'avoir invité, mon frère, dit-il.

– Ne me remercie pas. Il est normal de partager notre butin entre partisans. Tu as raison pour les yeux, mais je te conseille de bien vérifier la denture. Ne la prends pas si elle a des caries. Chez les yézidies, les maladies viennent par les dents, assure son comparse.

– Elles sont comme les poissons, elles commencent toujours par pourrir par la tête », s'esclaffe le visiteur.

Nous ne nous attardons pas.

Les gardiens nous font signe au bout de quelques minutes d'avancer. Nous traversons la pièce en nous frayant un passage.

« Allez, les apostates ! Dépêchez-vous ! » nous houspillent les gardiens.

Nous montons à l'étage.

« Qu'allez-vous faire de nous ? Allez-vous nous vendre ? Dites-nous la vérité, demande une fille.

– Nous sommes l'État islamique et nous disons la loi islamique. Vous ne serez pas obligées de vous soumettre, vous devez le faire naturellement sans poser de questions. Dormez maintenant », répond un gardien.

Ses propos faussement apaisants ne calment personne.

Nous sommes enfermées pour la nuit dans une vaste pièce, dont le sol est parsemé de coussins.

Mes douleurs au ventre me donnent des nausées.

Parmi les captives, une dénommée Hayat nous inquiète. Elle ne cesse de balancer sa tête d'avant en arrière, de bas en haut, à un rythme qui s'accélère dangereusement, et tient des propos de moins en moins cohérents. C'est comme si les lumières s'éteignaient une à une dans les pièces de son cerveau. La voilà qui pousse des hurlements déchirants en essayant de s'étrangler avec son foulard. Nous tentons de la maîtriser. Son châle lui est ôté. Elle serre le pouce et l'index contre sa pomme d'Adam pour s'asphyxier. Nous lui bloquons les mains dans le dos. Alertés par le tintamarre, un gardien surgit :

« Laissez-la ! Qu'elle se tue ! Au moins, on sera débarrassé d'elle.

– Est-ce que ta foi accepte de la laisser mourir sans compassion ? » lui demande une fille.

Hayat tremble comme une feuille, hoquette. Le gardien asperge son visage d'eau.

« Arrête de couiner », lance-t-il.

En larmes, Hayat pleure d'épuisement.

Je traverse la fin de la nuit dans un demi-sommeil. J'ai des crampes dans le bas du dos, des douleurs me lancent comme un poignard dans le rein droit. Mes paupières restent collées à mes yeux. Ma peau me démange. Du pain et du fromage de brebis sont distribués. Je n'y touche pas.

Hayat est blottie dans un coin, prostrée. Nous l'avons presque oubliée.

Mais lorsque le gardien se penche vers elle, la jeune femme se jette sur lui. Elle s'agrippe au pistolet qui pend à sa ceinture. Le djihadiste la repousse violemment. Ivre de rage, il l'injurie :

« Des frères vont venir te chercher. Tu pars en Arabie saoudite. On ne te reverra plus, espèce de folle ! » hurle-t-il.

Vers neuf heures, nous devons descendre dans le salon, où nous attend un religieux aux cheveux aussi blancs que sa barbe. Je me prépare à subir, aux côtés d'Amina, une causerie supplémentaire sur les bienfaits de la conversion, mais l'imam a des préoccupations plus bassement matérielles. Il tourne autour de nous en nous déshabillant du regard. Cinq filles retiennent son attention. Elles sont jeunes. Pas plus de treize ans. Ils les interrogent une à une :

« Quel est ton prénom ? Tu es allée à l'école ? Tu parles le kurde ? Arabe ? Tu sais lire ? Et écrire ? Tu as combien de sœurs ? »

Au bout de ses interrogatoires, l'imam en choisit trois. Une brunette aux cheveux frisottés, une adolescente aux jambes interminables et une gamine boulotte.

En bas, la journée est rythmée par les visites. Mon cœur toque dans ma poitrine et s'emballe dès qu'un mâle me dévisage. Des combattants viennent faire leurs emplettes dans le salon de réception, des marchands jouent les intermédiaires, des émirs inspectent le cheptel avec l'assurance de propriétaires comblés mais attentifs.

Un vendeur soupèse le pistolet d'un combattant.

« Je t'échange ton pistolet Beretta contre la brunette. Si tu préfères régler en cash, c'est cent cinquante dollars payables en billets verts. Non, je plaisante. Tu peux sortir tes dinars irakiens. »

L'acheteur à barbichette soulève son bonnet de laine, s'essuie le front et se gratte une croûte sur son crâne dégarni.

« Je ne vais pas te donner mon pistolet contre une fille. Surtout à ce prix. Tu n'as pas moins cher ? On trouve de la bonne petite yézidie chez vous, mais mon frère Sofiane me conseille d'aller vendredi au marché aux esclaves de l'émir Abou Amer, dans sa maison du quartier de Nabi Yussuf.

– Pour le Beretta, je plaisantais. On peut rester sur la même fille et je te fais un prix. Quatre-vingts dollars, ça te va ?

– Cinquante !

– Soixante !

– Ça marche ! Tu es de quelle brigade ?

– La brigade de l'émir Abou Ahmad.

– Je ne le connais pas, mais que Dieu le protège. »

Je suis tellement malade que je demande à monter à l'étage pour m'allonger sur les tapis. Mon teint blême convainc le garde.

Je gagne la chambre pour m'effondrer dans un état second sur une paillasse. J'interroge les filles autour de moi.

« Vous savez où sont Mayade et Leila, mes cousines ? Une petite frisée en jogging gris et une fille à lunettes, aux cheveux tirés en arrière ? Je ne les ai pas vues depuis ce matin.

– J'ai peur que tu ne les revoies pas de sitôt. Elles ont été enlevées par un vieux pas accommodant, assure une de mes voisines.

– Elles vous ont dit quelque chose en partant ?

– Non, il les a prises en les tirant par les cheveux. Elles lui refilaient des coups de pied dans les jambes.

– Tu connais son nom ?

– J'ai entendu quelqu'un l'appeler… hum… hum… Abdullah, je crois !

– Et elles sont parties pour où ?

– Comment veux-tu que je le sache. Je suis pas de Daech. »

Désormais, je suis seule ici avec Amina qui est restée en bas, dans le salon de réception.

Je me recroqueville, prise de douleurs au ventre.

Des cris me tirent de mes sombres pensées.

Une captive tambourine à la porte de la salle de bains. « Jilan ! Jilan ! Je t'en supplie, réponds-moi ! »

Jilan s'est enfermée.

J'avais remarqué la beauté de cette jeune fille aux formes généreuses. « Une vraie bombe yézidie », aurait dit Merza, l'ami de Walid.

« Jilan, ouvre-moi ! insiste son amie. Au secours ! Au secours ! »

Le garde tente de forcer la serrure avec son couteau. De guerre lasse, il défonce la porte d'un coup d'épaule et, emporté par son élan, heurte le corps de la malheureuse. Elle gît, inanimée, dans une mare de sang. Jilan s'est taillée les veines des poignets et des chevilles avec une paire de ciseaux ou, peut-être, un bout de carrelage ébréché. Elle est en tout cas parvenue à se sectionner une artère. « Appelez une ambulance », implore une voix.

« Qu'elle crève ! » lâche le garde.

Jilan se fige, les yeux révulsés.

Elle est morte sur le carrelage de la salle d'eau. Son cadavre est évacué, enveloppé dans un drap.

Le suicide a gâché la « fête ». Les visiteurs sont priés de ne plus monter à l'étage. Je suis toujours aussi mal en point. Je demande des médicaments.

Le lendemain, je déménage à nouveau sans explication et sans avoir reçu de soins. Amina est du voyage.

En sortant, je me penche sur l'amas de chaussures dispersées devant la porte d'entrée pour y retrouver mes baskets. Impossible de les repérer dans ce fatras. Une prisonnière a sans doute pris ma paire après avoir perdu la sienne. Je n'ai pas le choix. Je ne vais pas prendre celle d'une autre. Je ne suis pas une voleuse. Je repars les pieds nus.

Dans le pick-up, mon mal de dos me plie en deux. Amina me réconforte comme elle peut. Je somnole. Nous arrivons, me dit-on, à Bahaj, un fief de Daech entre Mossoul et la Syrie. Le véhicule se gare dans la cour d'un bâtiment administratif occupé par des membres de l'État islamique. Les combattants nous ignorent. Nous rejoignons à pied une maison isolée au bout d'un chemin qui se perd dans les champs. Je slalome sur la pointe des pieds entre les morceaux de verre qui jonchent la rue pour accéder, sans me blesser, au portail d'un pavillon non éclairé.

La nuit tombe. Nous sommes rassemblées dans une cour intérieure avec d'autres prisonnières. Ici aussi, les hommes font leur marché. Je crois reconnaître dans la foule un combattant en *kameez* noir, très entouré. Il se tient de dos. Lorsqu'il se retourne, je frissonne. C'est bien l'émir Abou Moussa et sa garde rapprochée. Il porte l'arme avec laquelle il m'a tiré dessus. J'évite de croiser son regard. Il ne m'a pas repérée ou ne m'a pas reconnue. D'un air entendu, l'émir salue, par-ci par-là, des connaissances.

Un petit gros d'une trentaine d'années aux cheveux longs et à la barbe noire l'accapare : « *Kaif hâlik ?* Comment ça va ? » lui lance-t-il. Les deux hommes s'embrassent avec effusion, puis échangent des nouvelles de proches comme deux amis qui ne se sont pas vus depuis un moment.

« J'ai besoin de douze filles, sourit le petit gros.

– Sers-toi, Abdallah, mon ami, lâche d'un ton débonnaire, l'émir en levant les mains. Tu peux prendre n'importe lesquelles, mais pas celle-là : elle m'est réservée, dit-il en montrant du doigt une adolescente à la silhouette de mannequin. Personne n'y touche. Propriété privée. »

La ravissante brune est assise appuyée contre un mur, bras dessus bras dessous avec une adolescente aux yeux verts et une femme d'une quarantaine d'années.

« Allez, on y va ! dit-il dans un claquement de mains. Tu t'appelles comment ?

– Sherine.

– Eh bien, Sherine, dépêche-toi !

– Je ne pars pas sans ma sœur et ma tante. Ma sœur est si jeune et ma tante est handicapée : elle est sourde et muette. Elles ont besoin de moi. Je ne peux pas les abandonner. Laissez-les venir.

– Ta sœur ? Une muette ? Et puis quoi encore. Je vais les buter si tu continues à me fatiguer avec tes histoires. »

Excédé, Abou Moussa sort de son étui son pistolet 9 mm Parabellum. D'un geste sec, l'émir braque l'arme sur la nuque de la tante.

« Tu entends : je vais la buter.

– Alors tue-nous toutes les trois. Vas-y, tire. »

Abou Moussa soupire.

« Je vais donner des ordres pour trouver une maison pour les deux autres. Toi, tu montes dans mon 4 × 4 et tu m'attends. Je règle un problème avec mon ami Abdallah et j'arrive. Hisham, occupe-toi d'elle », dit-il à son garde du corps.

Abdallah est en conciliabule avec deux hommes en *kameez*. Je devine à leurs regards qu'il est question de moi ou du moins des jeunes filles assises, comme moi, en rang d'oignons sur des bancs en face d'eux.

Abdallah me rappelle les marchands de moutons dans notre village, les jours de marché. Il n'a pas de morale, mais du bagout. Il s'approvisionne auprès de son ami l'émir pour revendre à l'unité ou par lot. Ses deux clients veulent six filles. Cela tombe bien, il vient d'en acheter douze. Je fais partie du premier lot à livrer aux deux premiers acheteurs, Amina du contingent suivant.

Les comparses tentent d'emmener de force leur butin. Ils sont repoussés à chaque tentative d'extraction par un groupe de jeunes filles soudées, prêtes à griffer et à mordre. Je reste prostrée sur le banc, incapable de me joindre à la révolte. Le ramassage tourne au pugilat. Abou Moussa est excédé.

« J'en ai assez », s'énerve-t-il.

Ses hommes s'emparent de nous manu militari en nous molestant.

« Vous ne pouvez pas la prendre, elle est trop malade. Elle va vous encombrer. Emmenez-la à l'hôpital », supplie Amina.

Abou Moussa se tourne vers moi. Je suis pétrifiée comme le jour de l'enlèvement au bord de la route.

« Qu'on la soigne. Abdallah, tu la donneras en cadeau à mes hommes, mais seulement quand elle sera guérie. Il ne faut pas gâcher la marchandise ! » tranche-t-il, pressé d'en finir et de rejoindre Sherine dans la voiture.

Les acheteurs approuvent en masquant leur déception derrière des rires épais.

« Je me la serais bien tapée, gémit l'un des deux hommes.

– On n'a qu'à la remplacer par la petite Amina, propose son compère.

– Désolé de vous décevoir, mes frères. Elle est déjà réservée. Elle part cette nuit en Syrie ! coupe Abdallah.

– Attends ! On a payé. On veut nos six filles. Pas une de moins, insistent les acheteurs.

– Eh bien, prenez-en une autre », répond le maquignon en les poussant vers le corridor.

Si l'émir m'a reconnue, il n'en a rien laissé paraître. Je remercie Amina d'avoir décidé Abou Moussa à autoriser mon hospitalisation.

Je ne sais pas comment réconforter Amina. Sa déportation en Syrie est une terrible épreuve. Elle est si jeune, si désemparée. Amina m'a peut-être sauvé la vie et je ne peux rien pour elle. Je l'enlace tendrement.

Je prononce d'ultimes paroles pour chercher en vain à l'apaiser, mais elle ne m'entend plus. Les yeux fermés, elle tente de dompter les peurs qui l'oppressent au point de l'empêcher de respirer. Son visage est déformé par une expression de terreur que je n'ai jamais vue. Dès qu'elle a le dos tourné, je m'effondre.

Dans la Ford blanche qui me transporte aux urgences de l'hôpital, je suis assise à côté du chauffeur, un boutonneux avec de longs poils qui pendent à son menton. Suspicieux, il a pris soin de verrouiller les portières.

Je repère sur ma gauche, entre les deux sièges avant, le bouton de commande de fermeture centralisée. Au premier arrêt, je vais tenter de prendre mes jambes à mon cou.

« Ne pense pas à t'échapper, c'est inutile, me dit-il. Tu ne trouveras pas un habitant de Bahaj pour t'aider. Cette ville nous est totalement acquise. En revanche, j'ai un plan à te proposer. Quand on viendra te rechercher à l'hôpital, tu diras que je t'ai choisie et que toi aussi tu me veux !

– Et puis quoi encore ? Je ne partirai ni avec toi, ni avec un autre.

– Je fais cette offre pour arranger tes affaires. Je te propose la conversion et le mariage. Sans moi, tu es foutue, tu vas mourir à petit feu. C'est à prendre ou à laisser !

– Je laisse !

– Tu as tort de ne pas me faire confiance, je connais un yézidi comme toi. On va l'appeler et il va t'expliquer. »

Le chauffeur me passe son portable.

« Tu peux parler à Kano en kurde. Je ne comprends pas votre langue, mais cela ne me dérange pas. »

Kano est yézidi, il s'est converti à la loi du plus fort et donc à l'islam, celui prôné par l'État islamique, et il ne le regrette pas. Il me conseille d'en faire autant et d'accepter l'offre de son ami. Je n'aurai pas à le regretter. Il se propose même de m'aider à retrouver ma famille. Je décline son offre. Je doute qu'il soit yézidi.

« Mon ami peut te tirer de l'embarras, insiste-t-il. Ne me parle pas sur ce ton ! Daech occupe nos villages et nous devons désormais composer avec eux. C'est ainsi. Tu dois accepter sa proposition et peut-être que plus tard tu pourras racheter ta liberté. »

Je coupe la communication sans changer d'avis.

Dépité, mon chauffeur me largue, sans un mot, au poste de contrôle de l'hôpital des femmes tenu par deux gardes islamistes. Nous traversons le couloir des urgences obstrué par des brancards. Les malades me regardent déambuler comme si je venais d'une autre planète. Leur curiosité est empreinte de mépris. Je ne porte ni l'*abaya*, la robe noire d'une pièce, ni le *niqab*, ni les gants réglementaires. Je suis une captive. Un être méprisable.

Une infirmière m'installe dans une chambre à quatre lits dont l'un est occupé par une femme âgée. Le personnel médical ne semble pas avoir érigé la rigueur islamique en modèle.

Le docteur Zohra porte un foulard beige qui laisse apparaître des mèches grises. Ses deux collègues masculins portent la moustache. Elle me questionne tout en m'examinant. Je lui raconte la chaleur suffocante des jours et la fraîcheur des nuits, le ciment du sol arrosé par nos tortionnaires pour nous obliger à nous coucher dans les flaques d'eau, la soif, la faim, la fatigue et le découragement, l'épuisement et l'angoisse, l'hygiène défaillante, mon refus de me laver et les toilettes immondes.

Ma toux est grasse et douloureuse, ma tension trop basse, ma température élevée. Les palpations ventrales m'arrachent des cris de douleur.

Le verdict tombe au bout d'une demi-heure d'examen.

« Tu souffres d'une inflammation rénale. Tu as des infections multiples, avec des complications intestinales et pulmonaires. Ta situation est aggravée par ton état psychique. Tu vas suivre un traitement antibiotique par intraveineuse et surtout te reposer pour reprendre des forces. Tu as besoin d'être placée sous assistance respiratoire et d'être nourrie par sonde. On ne peut pas te laisser repartir dans cet état. »

D'une voix faible, je prie le docteur Zohra de m'excuser de mon manque de robustesse. Elle se penche sur moi et me sourit, découvrant une bouche édentée. J'ai un réflexe de recul.

« J'ai perdu mes dents il y a bientôt deux mois. Ils m'ont battue. On m'a frappée à terre à coups de pied au visage », soupire-t-elle. Elle poursuit : « Je suis chiite. Je suis une captive comme toi. Mon mari a été décapité sous mes yeux. Les assassins de Daech m'ont obligée à assister à son supplice. Le bourreau lui a tranché au sabre les deux bras, l'un après l'autre. Puis, il a ouvert le col de sa chemise blanche et lui a coupé la tête. Son crâne a roulé devant moi. »

Dans ma chambre, je suis comme dans une bulle. Je me remets lentement. Le stress retombe un peu, même si les perspectives ne sont pas brillantes. On me tient sous bonne garde. Un surveillant armé passe à intervalles réguliers. Des rondes de routine destinées autant à me guetter qu'à épier les trois médecins chiites. J'ai interdiction de sortir de la chambre sans autorisation préalable. Je dois souvent taper à la porte durant de longues minutes avant qu'une infirmière daigne m'ouvrir et me permettre de me rendre aux toilettes. J'ai l'impression d'être, dès que je sors du cocon de la chambre, une pestiférée. Même malade, je suis considérée comme une créature maléfique. Le docteur Zohra peut soigner mon corps, mais ne peut pas me rendre la liberté. Son frère est en prison.

« Si j'organise ton évasion, ils tueront mon frère et me tueront quand ils n'auront plus besoin de moi. Ils me gardent en vie parce qu'ils ont beaucoup de blessés. »

Ma voisine de chambrée me parle sans cesse de son fils unique qu'elle aimerait retrouver. Elle a refusé de le suivre, lui, sa femme et ses enfants, le jour de l'exode. Elle s'estimait trop vieille pour grimper sous la canicule les pentes des monts Sinjar. Elle pensait que Daech la laisserait tranquille. Elle ne s'était pas trompée, mais elle n'avait pas prévu qu'elle tomberait malade. Prévenus par des voisins, des membres de Daech l'ont déposée à l'hôpital. Nous sommes devenues amies. Je partage les petits gâteaux offerts par les docteurs.

Au bout d'une semaine, le médecin chiite m'annonce qu'elle et ses deux collègues vont essayer de prolonger mon séjour bien que mon état s'améliore. L'équipe va proposer au directeur de l'hôpital de m'engager après ma guérison, à titre gracieux, en qualité de fille de salle. Elle est prête à verser un dédommagement à ceux qui me détiennent. En clair, ils veulent me racheter à l'émir Abou Moussa avec l'assentiment des services de santé.

Je lui saute au cou, mais ma joie est de courte durée. « Vous ne pouvez pas l'acquérir. Daech nous a fait savoir que cette captive est déjà vendue ! Je suis désolé », annonce le directeur. Selon le docteur Zohra, le grand patron ne souhaite surtout pas accéder à la moindre demande de ses médecins chiites, qu'il garde dans son établissement faute de personnel compétent. En honnête partisan de l'État islamique, il les déteste.

Le lendemain, Abdallah le « maquignon » fait irruption dans ma chambre, flanqué de deux islamistes, un costaud d'une trentaine d'années qui se fait appeler Abou Anas, et un certain Abou Omar, un quadragénaire au visage anguleux.

« Elle est à vous, dit Abdallah.

– Suis-nous », éructe Abou Omar en guise de présentation.

Je demande quelques minutes de répit. Abdallah s'éclipse. Abou Anas et Abou Omar m'attendent, moi leur « butin de guerre », dans le couloir. Je fais mes adieux aux médecins. J'étreins Zohra. « Si tu sens que la situation n'est plus tenable, joue à la malade et j'essaierai encore une fois de m'occuper de toi et de te faire sortir », me dit-elle.

Un véhicule bleu et blanc avec écrit « Police islamique » sur le capot nous attend devant l'hôpital. C'est la voiture d'Abou Anas, un type laid et hargneux. Il roule comme un dingue. Son acolyte se prétend imam.

Je me demande combien ils ont payé pour m'avoir.

Chapitre 5
DANS LE REPAIRE DES MONSTRES

Mes nouveaux maîtres : Abou Anas, le flic, et Abou Omar, l'imam — Le pacte des six captives — Boire l'eau des souris mortes — La conversion.

Je ne suis plus une femme mariée, mais une esclave. Mes maîtres sont assis devant moi dans la voiture qui m'emporte vers une vie de recluse. Nous fonçons sur une route de campagne longue, droite et déserte. Le compteur est bloqué à 160 km/h.

Abou Anas appuie sur le champignon pendant qu'Abou Omar égrène son chapelet. Ils bavardent durant le trajet sans m'adresser la parole. Blottie sur la banquette arrière, je n'existe pas.

Ce vendredi, les deux combattants sont passés, à la sortie de la mosquée, dans une des maisons de l'émir Abou Moussa, où Abdallah le « maquignon » tient son marché. Ils ont acheté six femmes. Les cinq premières filles ont déjà rejoint la villa du policier et du religieux. Je complète le lot.

Abou Anas et Abou Omar bavardent en arabe. Sans doute sont-ils persuadés qu'une jeune Kurde ne comprend que le kurde. Je ne fais rien pour les en détromper.

« Aujourd'hui, c'était le jour de distribution, Allah l'a voulu ! se félicite Abou Anas.

– Nous avons pris notre part : trois chacun ! Un homme ne peut pas acquérir plus de trois femmes, sauf s'il est de Syrie, de Turquie ou d'un pays du Golfe. C'est ainsi, dit Abou Omar.

– Je ne vois pas pourquoi ces étrangers ont droit à plus de femmes que nous. Et toi, tu saisis ?

– Non ! Il faudrait poser la question à notre bureau de la recherche et de la fatwa, mais je ne suis pas certain que cette règle soit *halal*.

– À mon avis, c'est pour favoriser le business. Un acheteur saoudien a des frais de transport et de nourriture qu'un membre de l'État islamique de Mossoul n'a pas. Il bénéficie d'un quota plus élevé pour pouvoir rentabiliser ses achats. C'est un bon deal : la maison des Finances de l'État islamique augmente ses revenus pour soutenir les *moudjahidin* et nos frères étrangers trouvent leur épanouissement.

– Il est indispensable d'avoir de l'argent dans les caisses si l'on veut renforcer le califat. Tu as vu que nous aurons bientôt notre monnaie ! Des pièces d'or, d'argent et de cuivre. Le *diwân bait al-mâl*, le Trésor public, s'en occupe. Il paraît que la pièce d'un dinar en or sera frappée de sept épis. Tu connais la sourate *al Baqara* ?

– Non.

– Ceux qui dépensent leurs biens sur le sentier d'Allah ressemblent à un grain d'où naissent sept épis, à cent grains l'épi. Car Allah multiplie la récompense à qui Il veut et la grâce d'Allah est immense. Il sait tout.

– *Masha Allah la quwata illâ billâh wa Al Hamdoulillah.* Pour en revenir à notre affaire, je pense que nous avons fait le bon choix. Il ne fallait pas tarder. Beaucoup de filles sont parties en Syrie ou ont été distribuées aux combattants au lendemain de notre victoire à Sinjar. Bientôt, il n'y aura plus que du deuxième choix, des moches et des moins jeunes, ou alors des usagées pas forcément en bon état que les frères revendent pour s'en débarrasser.

– Tu as raison, mon frère. Maintenant, nous allons dresser les nôtres ! Ça y est, regarde, nous sommes arrivés à Rasty. »

La voiture de police franchit au ralenti un barrage tenu par des miliciens, puis traverse une bourgade fantôme. La maison des deux djihadistes « appartient » à l'État islamique. C'est inscrit sur le portail en grosses lettres. On peut y lire aussi « Propriété d'Abou Anas ». Le policier rentre la voiture dans le garage.

Un garde nous ouvre la barrière de la cour intérieure. Il claudique de la jambe droite, séquelle d'une blessure au combat ou tout simplement d'une maladie. Il se prénomme Houssam. Je le suis, pieds nus.

Dans la villa, les jeunes filles yézidies forment un comité d'accueil chaleureux. Nous nous embrassons. Elles me font asseoir sur la banquette d'un grand salon et me servent un verre d'eau.

J'explique mon parcours : la prison, les centres de regroupement, les maisons, l'hôpital.

« Je crains malheureusement que nous ayons amplement le temps de mieux nous connaître, m'interrompt Naline, une femme plus âgée que moi, aux yeux d'un gris profond. Je vais te faire visiter le rez-de-chaussée. Nous avons interdiction formelle de monter l'escalier sans autorisation. L'étage supérieur est réservé aux hommes. Ils le ferment à clé quand ils s'absentent. »

Naline s'improvise « maîtresse de prison ». Je la suis. Notre étage se compose de cinq pièces, d'une cuisine et d'une salle de bains. De luxueux canapés en cuir et des sofas en tissu trônent dans le salon. Un téléviseur à écran plasma XXL est accroché au mur. « Ne te fatigue pas à chercher un programme, on ne capte qu'une chaîne islamique. » Le petit salon est aussi équipé d'un poste branché sur les émissions religieuses. « Nous sommes comme dans une prison. »

La première chambre est notre salle commune. Le mobilier de la deuxième se résume à un sommier et à un meuble de rangement défoncé. La troisième contient une réserve de matelas en mousse et de couvertures pour héberger les hôtes de passage. L'eau coule dans la salle de bains, la cuisine est équipée d'une gazinière presque neuve et d'un énorme congélateur qui pourrait contenir deux carcasses entières de moutons.

La villa abritait une famille yézidie. Elle a été saccagée avant d'être attribuée par l'État islamique à ses serviteurs. Les pillards ont négligé l'ameublement et les équipements, mais ont pris soin d'effacer toute trace de ses anciens habitants. Les objets personnels, les vêtements, la décoration ont disparu. On devine à des indices trouvés ici et là une présence antérieure : une broche à cheveux dorée, une paire de lunettes à verres épais dans un tiroir et – excellente surprise pour moi – une paire de baskets au fond d'un placard. Je les essaie et pousse un soupir de soulagement, car elles sont à ma pointure.

« Nous sommes prisonnières, mais nous avons un minimum de confort dans cette maison volée à des yézidis, et même l'électricité. Le village est dans le noir, mais un branchement sauvage a été installé sur la tour de téléphonie, m'a expliqué le gardien. Le bidouillage a l'air de fonctionner. Prends un matelas en mousse et une couverture, et choisis l'emplacement qui te convient dans la chambre commune. La place ne manque pas. Repose-toi ! On parlera plus tard ! J'ai beaucoup de choses importantes à te dire ! »

J'ai installé ma couche dans le dortoir et je me suis allongée. Je me sens mieux, mais ma santé reste fragile. J'ai échappé au pire. Mon rein est sain et sauf, mais les infections à répétition m'ont épuisée. Mon moral est au plus bas. J'ai caressé l'espoir de rester avec les médecins, mais mon rêve s'est fracassé. Le retour à ma condition d'esclave me déprime. Je suis prisonnière dans le repaire de deux djihadistes en guerre. J'ai sorti la photo du bonheur de mon soutien-gorge. Je pense à Walid et je pleure comme je n'ai pas pleuré depuis mon enlèvement sur la route, le 4 août. J'ai perdu la notion des jours, mais au moins deux semaines se sont écoulées depuis le rapt. Je suis désespérée.

« Les larmes soulagent, mais elles ne sont d'aucun secours. Nos maîtres sont, je le crains, sans pitié. »

Naline s'est assise en tailleur à côté de moi, le sourire bienveillant. Je lui raconte mon mariage avec Walid et combien il me manque. Elle est célibataire malgré ses vingt-cinq ans, un âge où les yézidies sont en général depuis longtemps casées. Elle vivait chez ses parents à Erbil, mais ne s'étend pas sur le sujet. Son frère, avec qui elle communiquait souvent par Internet, est installé en Allemagne.

« Nous étions des centaines de prisonnières et nous ne sommes plus que six. Chacune d'entre nous doit savoir que sa situation sera encore plus dramatique si elle s'isole. Nous devons être solidaires si nous voulons avoir une chance de nous en sortir. Nous devons résister ensemble. J'ai passé un pacte avec les autres filles. Es-tu prête à te joindre à nous ?

– Je suis d'accord !

– Jure-le !

– Je le jure !

– Je sens que nous allons devenir de bonnes amies », se réjouit Naline.

Sa forte personnalité me rassure. Elle est le genre de femme, plutôt rare chez nous, qui tient tête ouvertement aux hommes. Naline a la fibre d'un chef.

Je découvre mes compagnes de détention, les « filles du pacte ». La plupart ont d'abord transité par le Galaxy Center à Mossoul, une salle de spectacle où, comme à Badush, un millier de femmes étaient entassées.

Djamila est mystérieuse et solitaire. Elle suivait des études en quatrième année de littérature à l'université de Mossoul. Elle a été évacuée en juin de la faculté, peu avant la prise complète de la ville par Daech. Un commando de militaires irakiens mobilisés dans l'urgence par notre parlementaire Vian Dakhil l'a sortie, avec quelque quatre cents camarades yézidis, du guêpier djihadiste. Elle est rentrée dans son village, où Daech l'a cueillie en août…

Hevy est coiffeuse. Elle travaillait dans le salon de son frère. Ses cheveux longs tombent dans son dos en deux nattes épaisses. Hevy est mignonne. Les iris de ses yeux ont la couleur du miel, sa peau est dorée, son nez busqué.

À vingt-sept ans, Bouchra est l'aînée du groupe. Ster est une jeune bergère qui n'est jamais allée à l'école. L'une et l'autre sont timides et effacées. Âgée de quinze ans, Evara est la benjamine et la pleureuse de notre club. Très émotive, elle accueille les mauvaises nouvelles, qui ne manquent pas, par des cascades de larmes. Naline se moque d'elle. « Elle est pire que toi, me dit-elle. Elle doit éviter de chialer dès qu'Abou Anas lui donne une gifle, parce que, la fois suivante, il lui en filera deux. Les pleureuses professionnelles sont comme les prostituées : elles exercent le plus vieux métier du monde. Nos maîtres veulent nous voir pleurer et faire le sexe. C'est leur truc. Ne tombons pas dans leurs travers. On ne leur donne pas leurs petits plaisirs. On résiste ! »

Le soir, les yeux à peine clos, je m'endors. Je n'ai pas entendu rentrer Abou Anas et Abou Omar. Ils sont montés directement à l'étage et sont repartis ce matin aux aurores.

Il est vingt heures lorsqu'ils surgissent dans notre chambre.

« Il va être tard pour la prière du soir, mais vous ne couperez pas à celle du matin, grommelle Abou Omar. En attendant, on a faim. Toi, la yézidie de l'hôpital, apporte-nous à manger. *Yalla, yalla* ! »

Nous avons préparé un plat de base de la cuisine irakienne : six boudins de kebab de viande de mouton accompagnés de riz, une salade d'oignons, de concombres et de tomates, et des galettes de pain à la farine de froment. Je frappe à leur porte. Naline m'escorte.

« Qu'est-ce que tu fais là ? Redescends immédiatement ! lance Anou Anas à mon amie. Nous avons demandé à être servis par… comment tu t'appelles déjà ?

– Jinan. »

Je distribue assiettes et cuillères, propose de décapsuler des canettes de Coca et recule de quelques pas. Abou Anas en profite pour me pincer les fesses. Je me tiens debout près de la fenêtre, les yeux baissés, les bras croisés sur la poitrine. Ils m'oublient pour se concentrer sur la nourriture. Abou Anas mange aussi vite qu'il conduit. Abou Omar n'est pas en reste. Il s'empiffre aussi rapidement que son camarade et parvient à mettre dans sa bouche une quantité bien plus impressionnante encore de nourriture. Le policier fait la grimace :

« Ces yézidies n'ont pas appris à cuire la viande. Le kebab se sert légèrement brûlé à l'extérieur pour craquer sous la dent et rouge à l'intérieur. Faut que ça saigne, Jinan ! »

J'approuve d'un hochement de tête.

« Vous voulez autre chose ?

– Non, dégage ! Débarrasse et va-t'en. Et surtout n'oublie pas : nous allons prier tout à l'heure. »

Les filles sont soulagées de me voir revenir. Elles pensaient qu'ils allaient me violer, j'imagine.

« Les amies, à partir de maintenant, ils mangeront leur kebab brûlé dehors, noir comme du charbon, et pas cuit dedans. C'est un ordre venu d'en haut. »

Nous pouffons.

« Tu as parlé en arabe avec les deux monstres ? demande Naline.

– Oui, quelques mots !

– Dommage. J'aurais préféré qu'ils pensent que je suis la seule avec Djamila à parler leur langue. Je veux être leur interlocutrice. C'est mieux de ne pas leur donner de prise et de s'exprimer d'une seule voix, mais, ne t'en fais pas, ça ira. »

À quatre heures du matin, les deux Abou hurlent dans le couloir.

« Debout là-dedans ! C'est l'heure de la prière de l'aube. »

Ils ont allumé la lumière dans notre chambre, une ampoule criarde pendue à un fil au plafond.

Abou Anas est vêtu d'un *kameez* noir, d'un pantalon noir, et a enroulé un turban noir sur son front. Abou Omar est habillé d'un *kameez* blanc, d'un pantalon blanc, et arbore un turban blanc. On dirait qu'ils se sont donné le mot et ont échangé leur tenue. Hier, le policier était en blanc et le religieux en noir. Tous deux portent un pistolet et un long couteau à la ceinture.

Nous ne réagissons pas, figées dans notre refus. Ils s'en vont avant de revenir à la charge avec des gourdins en bois qu'ils ont récupérés au premier étage. Nous prenons une raclée. Abou Omar s'emporte :

« Bande d'idiotes. L'islam est la religion du droit et de la justice. Oubliez vos vieilles croyances absurdes de primitives, votre éducation de mécréantes. Vous devez faire la prière. Vous devez devenir de bonnes musulmanes. »

La petite Evara essuie une raclée. Je tente de la protéger. Je suis touchée à la nuque. Je perds l'équilibre et chute lourdement. Je rampe. Abou Anas me contemple d'un air dégoûté.

« Cette apostate est une vraie tête de mule. Je l'ai compris dès l'hôpital.

– La leçon est terminée jusqu'à notre retour. On vous laisse réfléchir à condition que vous ayez un cerveau », s'énerve Abou Omar.

La chambre ressemble à un champ de bataille d'où s'élèvent les gémissements des blessées. Bouchra et Naline se relèvent. Djamila et Evara sont clouées au sol par la douleur.

Je suis à moitié assommée. Du sang coule en un mince filet derrière mon oreille. Bouchra lave ma plaie au désinfectant. Percluses de douleur, nous tenons notre « conseil de guerre ». Il n'est pas question de se convertir. Nous sommes prêtes à mourir plutôt que de plier. Celle qui flanche est exclue du groupe.

En fin de matinée, les deux Abou réapparaissent pour la prière de midi, armés de matraques en acier, des câbles de chantier qu'ils ont ramassés dans la cour. Ils recommencent à nous brutaliser. J'essaye d'esquiver les coups et de me protéger la tête.

La séance de punition est interrompue par Houssam, le gardien :

« Chefs, on vous demande au château. »

L'explosion de haine retombe. Le « château » est le nom donné à la villa d'en face, qui abrite un centre clandestin de Daech. Abou Anas et Abou Omar lâchent leurs câbles et filent ventre à terre, mais, comme ils disent, nous ne perdons rien pour attendre.

Le « château » de l'État islamique passe pour ce qu'il est : l'ex-demeure d'un riche yézidi de Rasty. La bâtisse rouge à l'architecture extravagante et m'as-tu-vu avec ses tourelles et ses ornements biscornus ne présente aucun signe extérieur d'un usage militaire. Il n'y a pas de drapeau noir au fronton de l'édifice ni de véhicules blindés dans la cour. À mon arrivée en voiture, j'ai pourtant aperçu des hommes en treillis entrer et sortir. Et nous entendons, en tendant l'oreille depuis la cour, des portes de voitures qui claquent et des bruits de moteur.

Le soir, les monstres sont de retour et le traitement de choc reprend pour la prière du coucher du soleil. La cérémonie vire d'emblée à la cavalcade dans les couloirs. Nous tentons d'échapper à nos agresseurs, qui finissent par nous rattraper dans la cuisine ou dans les chambres.

« Tant que vous refuserez de prier, vous serez nos ennemies et nous n'aurons aucune compassion », prévient Abou Omar.

La nuit, les ecchymoses m'empêchent de me retourner dans mon lit.

Le lendemain, le supplice reprend. Matin et soir, ils nous injurient et nous battent avec le sentiment d'avoir accompli leur devoir islamique.

Naline, notre « porte-parole », cherche à les raisonner :

« Vous nous traitez sans le moindre respect, vous nous opprimez pour votre bon plaisir, vous nous battez, vous êtes prêts à nous tuer, mais vous n'aurez jamais nos âmes !

– Ah ! Vous avez une âme ! C'est la meilleure ! Prévenez notre calife, alertez Abou Bakr al-Baghdadi ! Les captives yézidies ont une âme ! se moque Abou Anas.

– Vous n'arriverez pas à nous changer ! Nous refusons d'abjurer ! Nous sommes yézidies depuis la nuit des temps. »

Abou Omar s'emporte et gifle Naline.

« Comment peux-tu vanter l'amour de Dieu et nous traiter comme des bêtes ? lui demande-t-elle.

– Parce que tu ne vaux pas plus qu'un mouton ! Au fait, que devient votre Roi-Paon ? Si votre Dieu existe, il devrait venir vous sauver. Il ne réagit pas ? » demande-t-il avant de quitter la pièce sans attendre la réponse.

Nous avons surnommé Abou Omar le « renard ». Quant à Abou Anas, il est appelé l'« ours ». Nous leur avons inventé des sobriquets puisqu'ils cachent leur véritable identité. En arabe, *Abou* signifie « père de ». Les partisans de Daech y ajoutent un prénom choisi selon les références islamiques.

Abou Omar est un Arabe sunnite à la barbe longue et drue. Célibataire, il est issu d'une grande tribu de la région de Bagdad. Il a raconté à Naline qu'il a combattu les Américains et qu'il veut renverser le gouvernement des chiites, ses ennemis, pour instaurer le califat.

« Je n'ai ni famille, ni parents, ni frère ni sœur. Cette guerre est la mienne. Daech est devenu ma famille », a-t-il dit à mon amie pour justifier sa rage.

Abou Omar a été enfermé dans la prison de Badush, d'où il a été délivré en juin par Daech tandis que les prisonniers chiites étaient massacrés. Depuis sa libération, il est imam à l'État islamique. Sectaire, fanatique et intolérant, il monte régulièrement au front pour galvaniser la foi des combattants. D'après Naline, Abou Omar poursuit une obscure vengeance.

« Il hait les chiites à un point qui dépasse l'entendement. Ce n'est pas seulement parce qu'il les considère comme des hérétiques. Il y a autre chose, mais quoi ? Peut-être a-t-il survécu à un massacre ou à je ne sais quelle horreur », s'interroge-t-elle.

Je ne comprends pas sa violence et encore moins ses guerres, mais je fais remarquer à Naline qu'il est au moins aussi méchant et véhément avec les chiites qu'avec les yézidis, qu'il veut « détruire » et « effacer de la surface de la terre ». Nous en concluons qu'il n'aime personne. « Il n'aime que la mort, ajoute Naline. Sur le front, il doit galvaniser ceux qui vont au martyre et encourager les kamikazes. Il brandit son livre saint, pour pousser au crime et entraîner les autres dans le malheur. »

Abou Anas ne vaut guère mieux. C'est un triste sire à qui il arrive de rire, mais rarement de bon cœur. D'ailleurs, il ne rit pas, il ricane. Il prétend qu'il a été professeur d'arabe à Erbil, la capitale du Kurdistan irakien. J'ai du mal à le croire. Il y a chez lui trop de mépris pour les Kurdes pour qu'il leur ait enseigné quoi que ce soit. Large d'épaules, il est d'origine turkmène et parle parfois un dialecte turc avec sa femme ; car cette brute est mariée. Le soir, il téléphone parfois à son épouse en promettant de lui rendre visite à Mossoul pour lui remettre de l'argent. Abou Anas assure œuvrer pour Dieu et pour le peuple sunnite, qu'il « protège » des « gens comme nous ». Il est fruste et vulgaire. Je ne sais en quoi consiste sa mission de policier, mais il m'a l'air drogué à la guerre. Il déteste les chiites, les Kurdes, les chrétiens et les yézidis. Hier encore, il a menacé de passer à tabac Evara. La petite avait osé le provoquer en criant à tue-tête : « *Beji peshmerge* ! Vive les peshmerga ! » Nous avons demandé à Evara de se taire. C'était mal la connaître. Elle a entonné une chanson de Şiwan Perwer, l'idole des Kurdes :

> « Ils sont arrivés, nos peshmerga,
> Leurs pantalons et chemises au corps,
> Ils sont nos guérilleros,
> Leurs armes et cartouchières à l'épaule. »

Les deux Abou se sont jetés sur elle. Nous avons essayé à cinq de la dégager en les tirant par les pieds et par les bras. Elle a continué à chanter :

« Voilà, ils sont arrivés, nos peshmerga,
Leurs pantalons et chemises au corps,
Ils sont la lumière de mes yeux,
Donnez-leur des roses rouges à la main. »

Ils l'ont bâillonnée et menottée à une conduite d'eau dans la cuisine pour qu'« elle se calme ».

La punition a été levée le lendemain au petit jour.

En l'absence des deux Abou, nos journées sont rythmées par nos tâches de domestiques. Nous devons faire le ménage, laver et repasser le linge de la maison et du « château », et préparer les repas. Les deux hommes exigent un intérieur propre et bien rangé et des repas servis à l'heure sur un claquement de doigts. Nos maîtres nous humilient à la moindre occasion et n'ont jamais de mots assez durs à notre égard.

Houssam, le garde, apporte chaque jour les provisions pour les repas dans de grands sacs : de la viande de mouton, d'agneau ou de poulet, des légumes, du riz et des fruits, oranges et pommes importées de Turquie. Houssam a l'amabilité des portes de prison.

Après la première bastonnade collective, il nous a rapporté du « château » des produits antiseptiques, des pansements et des compresses. Un geste surprenant de sa part. Nous le soupçonnons d'avoir agi par intérêt plus que par charité.

Pour assurer sa tranquillité, il valait certainement mieux qu'il évite pour nous les complications médicales.

Nous aurions pourtant besoin d'un infirmier tant la volonté d'Abou Omar et de son « frère » de nous convertir de force à l'islam tourne à l'obsession. Le religieux tente de nous initier au Coran par des sourates qu'il nous demande de lire. Nous lui rétorquons que nous ne savons pas lire l'arabe. Il nous demande de répéter après lui. Nous bredouillons les versets de travers. Nous sommes obligées d'apprendre la *Chahada*, la profession de foi. Nous ânonnons : « *Achhadou an lâ ilâha illallâh, wa achhadou anna Mouhammadan rasoûlou-llâh.* » « J'atteste qu'il n'y a pas de divinité excepté Dieu, j'atteste que Mahomet est le messager de Dieu. » Reste à réciter le texte avec sincérité pour devenir une vraie musulmane, ce qui est loin d'être le cas.

Exaspérés par un tel entêtement, les deux Abou ont décidé de passer à la vitesse supérieure. Ils délèguent la tâche de notre conversion à deux authentiques tortionnaires. Ceux-ci traversent la rue pour venir exercer leurs compétences sur nous, ce sont des hommes de la caserne de Daech. Nous subissons les supplices dans la cour alors que le soleil est à son zénith. Nous sommes ligotées, les mains dans le dos, et enchaînées trois par trois, sous la contrainte d'un fusil-mitrailleur. Les chaînes sont fixées par un anneau au mur d'enceinte. Assises sur le ciment brûlant, nous cuisons comme dans un four.

Au bout d'une heure, j'ai l'impression que ma tête implose. J'hallucine. Je m'évanouis.

À mon réveil au seau d'eau, je suis un fantôme. Lorsque nos bourreaux nous détachent enfin, je titube jusqu'à la maison et m'effondre sur ma paillasse, incapable jusqu'au lendemain de me relever. J'entends, dans un état de demi-conscience, Bouchra implorer nos maîtres pour qu'ils cessent de la torturer. Elle est prête à se soumettre. Naline lui ordonne de se taire. « Si tu continues, c'est moi qui vais te corriger. Je te rappelle que nous avons passé un pacte. Si nous cédons sur la prière, nous cédons sur notre honneur. »

Le lendemain, la chaleur sèche et brûlante nous accable comme chaque jour de cette fin d'été torride. Pour pimenter la séance, nos tortionnaires ont inventé une variante : la bassine d'eau qui nous permettait de nous réhydrater par petites gorgées nous est enlevée, malgré nos lamentations. Le jour suivant, intriguées, nous les observons, courir, dès la fin de la matinée, après les souris dans la cuisine. Ces messieurs ont posé des pièges. Ils capturent quatre bestioles, les assomment et les jettent dans une cruche : les cadavres flottent sur l'eau. Voici notre nouvelle fontaine.

Durant la séance sous le soleil, ils nous obligent à laper, ligotées, l'eau du récipient à souris mortes. Je refuse. Un geôlier me tend un gobelet.

« Ça se boit comme du petit-lait. J'ai enlevé les poils. »

Il me force à ingurgiter un verre, puis un autre.

« Tu verras, c'est excellent pour la digestion », promet-il.

Je vomis.

La nuit, ma peur de l'empoisonnement se dissipe, mais l'état de Djamila me préoccupe au plus haut point. Elle a des crampes, de la fièvre et des vertiges. Son cœur bat comme un tambour, sa respiration est hachée. Une insolation. Nous la couvrons d'un drap humide. Je lui tiens la main.

Je la veille une partie de la nuit, assise à son chevet, la photo du bonheur posée sur une cuisse. Sur le cliché, je suis maquillée, j'ai des pommettes presque rondes, le front dégagé et des cheveux mi-longs tout en volume. « Une vraie beauté », disait de moi Walid. Maintenant, je n'ose même plus me regarder dans une glace. La mélancolie me gagne. Je fonds en larmes.

Je pleure prostrée dans mon malheur. Mes sanglots réveillent Naline.

« Dors, Jinan, dors ! Et puis, donne-moi la photo. Tu la vénères, mais elle te fait du mal. Je vais la prendre. Je te promets, je ne vais pas la perdre. Aie confiance !

– D'accord, mais je ne peux m'en passer. S'il te plaît, tu voudras bien me la prêter une heure par jour ?

– Je te la donnerai de temps en temps. Promis. »

Naline nous transmet de sa force. Sans elle, nous ne pourrions pas tenir. Elle a eu la primeur du supplice de l'eau à la souris morte. Son courage nous a transcendées.

Les tortionnaires ont pour priorité de la briser, elle. Cet après-midi, ils ont installé dans un coin de la cour un générateur. Je n'y ai d'abord pas prêté attention. J'ai pensé que le gardien avait un problème de branchement électrique.

Il fait toujours aussi chaud. Nous sommes enchaînées et menottées comme chaque après-midi. L'un des tortionnaires fait un signe du menton, déclenche l'engin, le moteur gronde. Le visage crispé, son complice brandit un câble électrique et s'avance sur Naline qui blêmit.

« On va te passer à l'électricité, lui lance-t-il. Je vais te fixer le fil brun sur l'oreille et le vert dans le sexe. Cela va faire des étincelles. Le courant va circuler dans ton corps. Ta peau va devenir de la chair de poisson. »

Il la plaque au sol. Naline hurle :

« Arrêtez !

– Et pourquoi donc ? Je n'ai pas commencé ! » se plaint le poseur d'électrodes.

Assis à califourchon sur le ventre de Naline, il serre dans ses mains les deux fils électriques.

« Laissez-moi. Je suis d'accord pour prier !

– Répète !

– Je suis d'accord.

– *Allahou Akhbar* ! On a gagné, triomphe le tortionnaire en levant les poings. Je te l'avais dit, on aurait dû commencer par là. Il n'y a rien de mieux que l'électricité, clame-t-il encore. Nous avons trouvé le médicament qui soigne les apostats. »

Nous n'osons pas blâmer Naline. Dès que nous sommes réunies dans la chambre commune, elle s'excuse et assume sa terrible défaite.

« J'ai lu dans ses yeux lorsqu'il s'est penché sur moi que j'avais perdu. Les chocs électriques m'auraient tuée ou plongée dans le coma et ils m'auraient violée. »

Je ne lui en veux pas. Je n'aurais pas supporté de voir mon amie torturée et encore moins d'être branchée à mon tour sur le réseau électrique.

Prévenus par téléphone par leurs sbires, Abou Anas et Abou Omar rappliquent avant le coucher du soleil pour la cérémonie. Nous disons une *chahada* réglementaire dans le salon et Abou Omar, l'imam de la terreur, nous déclare musulmanes. « Nous allons maintenant prononcer la prière de la tombée de la nuit. Vous allez effectuer vos ablutions, puis vous tourner en direction de la Kaaba, la mosquée sacrée de La Mecque. Préparez-vous ! »

Je me débarbouille vaguement le bout du visage. Je ne vais pas renoncer à ma technique de « camouflage ». La stratégie a en effet fonctionné jusqu'à présent, puisque je suis passée au travers des mailles du filet, j'ai échappé aux agresseurs sexuels.

Abou Omar dirige la prière. Abou Anas se tient en retrait sur sa droite. Nous sommes derrière eux. L'imam nous demande d'imiter ses gestes. Nous marmonnons une nouvelle *chahada*, en avalant les mots, puis nous nous prosternons quatre fois. J'imite le Renard, mais mon esprit ne suit pas mon corps. Je prie selon le rite musulman, mais je pense à mon Dieu. Je demande aux Anges de me secourir.

La cérémonie satisfait Abou Anas, mais il a un doute.

« J'aimerais voir si elles s'inclinent convenablement. Demain, je vais installer une caméra pour les filmer, propose-t-il.

– Bonne idée ! approuve l'imam. Qu'est-ce qu'on mange pour fêter ça ? »

Nous préparons les kebabs habituels. Je suis chargée du service.

« Voilà nos délicieux kebabs portés par une musulmane. Quel plaisir, dit Abou Omar.

– Si elle n'était pas aussi sale, je la baiserais. J'ai été assez patient comme ça », lance Abou Anas.

Je me décompose.

« C'est sûr, on va leur faire la fête, à nos captives, mais pas ce soir. À chaque jour suffit sa peine ! Allez, sors d'ici ! Nous ne voulons plus te voir ! » tranche Abou Omar dans sa grande miséricorde.

Je redescends consternée. « C'est de ma faute », culpabilise Naline. Nous la supplions de ne pas s'accabler. Nous renouvelons le pacte.

Chapitre 6
VOYAGE AU BOUT DE L'ENFER

Jonas dans le ventre du gros poisson — Les bourreaux d'Evara — La visite de la prisonnière de Raqqa — Abou Mohamed al-Amriki — Une odeur de fauve.

Chaque soir, le retour d'Abou Anas et d'Abou Omar dans leur tanière est notre hantise. Ils sont les deux faces d'une même pièce. Nous redoutons la force brutale d'Abou Anas et nous nous méfions de la perversité d'Abou Omar. L'ours turkmène et le renard de Bagdad nous épargnent depuis notre conversion forcée. Les tortionnaires de la caserne de Daech ont cessé de nous tourmenter.

Notre nouvelle « foi » s'adapte aux circonstances. Nous sacrifions au rituel de la prière le soir et le matin pour satisfaire nos persécuteurs. Nous ignorons leur univers coranique dès qu'ils s'absentent, c'est-à-dire tout le long de la journée. Abou Anas est satisfait des images qu'enregistre la mini-caméra de surveillance qu'il a fixée en haut d'une étagère. Nos prestations religieuses, ces scènes filmées, sont pour lui la preuve flagrante de la grandeur de l'État islamique. Des gens de guerre, les *ahl al-harb* comme ils disent, ont su amener des mécréantes dans le chemin de la vraie religion. Peu importe si la violence a été employée et si les conversions ne sont qu'apparentes, le résultat est là, sous ses yeux, tangible et bien réel. Des vidéos l'attestent. Des captives, des *al-sabi*, ont été conduites dans la demeure de l'islam.

Pour moi, ces prosternations sont des mascarades. Elles n'ont aucune valeur spirituelle. J'ai fait semblant de réciter la profession de foi.

Abou Omar se fiche de mes états d'âme. D'ailleurs, pour lui, je n'ai pas d'âme. Une fois la bataille de notre conversion remportée, il s'est engagé dans un combat pour notre propreté. Après Allah, l'hygiène. Il nous reproche de nous contenter d'ablutions partielles avant la prière. « Dieu aime ceux qui se tournent vers Lui et Il aime ceux qui se purifient, nous assène-t-il en battant le rappel pour la prière de l'aube. La propreté représente la moitié de la foi. Vous devez faire vos ablutions », répète le religieux. Nous avons droit, parfois en pleine nuit, à des leçons sur le respect de l'hygiène personnelle. C'est un comble de l'entendre parler de dignité humaine. Il cite une sourate du Coran : « Ô vous qui croyez ! Lorsque vous vous levez pour prier, lavez votre visage et vos mains jusqu'aux coudes ; puis passez vos mains mouillées sur votre tête et lavez-vous les pieds jusqu'aux chevilles. Et si vous êtes en état d'impureté, purifiez-vous. » Il referme son livre saint qui ne le quitte jamais et entreprend de nous expliquer les vertus de la purification. Il nous conseille le *gousl*, le bain complet. « Vous puez ! Allez vous laver et, surtout, savonnez-vous ! »

Nous ne suivons pas la consigne.

Comment ce type ose-t-il nous entretenir de notre intimité ?

Pour briser notre front du refus du bain, Abou Omar nous lance des ultimatums, qu'il n'applique pas, faute d'obtenir satisfaction, mais je sens monter son exaspération. « Vous n'avez toujours pas pris votre douche, vous allez le payer cher », peste-t-il, en rentrant tard et énervé. Il tourne en rond pendant qu'Abou Anas s'éloigne pour téléphoner. À mon grand soulagement, les deux Abou semblent préoccupés par un sujet bien plus grave que notre hygiène. Ils ne s'attardent pas et s'enferment à l'étage. L'alerte rouge est levée. Nous éteignons la lumière dans notre dortoir. Je bavarde à voix basse avec Djamila, l'« intellectuelle » de notre bande de captives.

Djamila se confie peu. Pour elle, la citadine, je dois être la petite fermière, une fille des champs plus dégourdie que la moyenne certes, mais une campagnarde quand même. Elle a de la famille en Europe, où elle espérait immigrer avant que son destin ne bascule. Djamila vivait jusqu'en juin à Mossoul chez ses parents. Sa famille s'est repliée à Sinjar lors de la chute de la ville, elle a fui l'avancée de l'État islamique. Ses amies étudiantes arabes ont vu Daech imposer ses règles dans la « capitale » de leur califat. Elles assurent qu'elles ne sont pas importunées à condition de suivre au doigt et à l'œil les instructions de l'État islamique. Elles ne sortent qu'en *niqab*, suivies comme leur ombre par un accompagnateur masculin de la famille. Les hommes respectent quelques mesures élémentaires de sécurité, comme ne pas fumer dans la rue et éviter de s'approcher des centres de Daech.

L'État islamique dispense ses conseils vestimentaires. Il conseille aux hommes de suivre la mode des chemises longues portées jusqu'aux genoux et des pantalons qui s'arrêtent en haut des mollets. Les magasins d'habillement à l'occidentale ont fermé. Ceux qui vendent de l'alcool, les salons de coiffure, d'esthétique, les magasins de produits de beauté sont désormais interdits. Il n'y a plus qu'une seule loi, la charia !

Djamila est une passionnée d'histoire ancienne. Elle étudiait à la faculté des lettres de Mossoul.

« Les membres de Daech sont des abrutis. Ils nous disent qu'ils pratiquent l'islam des origines, mais ils renient leurs propres prophètes, m'explique-t-elle. Je vais te raconter l'histoire de

Jonas pour les juifs et les chrétiens, ou Yunus pour les musulmans. Sa tombe se trouve à Mossoul dans une mosquée que les fanatiques ont profanée le 24 juillet. Jonas vivait il y a très longtemps, à l'époque de l'Empire assyrien, qui s'étendait de Babylone à Jérusalem. Dans l'Ancien Testament, le livre des trois religions, il est classé parmi les douze petits prophètes.

– Tu veux bien me raconter son aventure ? Je n'ai pas sommeil.

– Allons-y. C'est parti pour l'histoire de Jonas et du gros poisson.

– Pourquoi le gros poisson ?

– Ne sois pas impatiente ! Écoute. Un jour, Dieu commanda à Jonas de se rendre à Ninive, l'actuelle Mossoul. La cité assyrienne était riche, ses rois y avaient construit un château, le "palais sans rival" peuplé de statues géantes et de taureaux ailés. La ville était entourée d'une immense muraille de briques rouges. Dieu voulait que Jonas prévienne les habitants du châtiment suprême : la destruction de leur cité d'incroyants. Mais Jonas se défila et prit la direction opposée. Il embarqua sur un navire qui, durant le voyage, essuya une terrible tempête. Les marins tirèrent au sort pour désigner un responsable à leur malheur. Jonas fut désigné comme bouc émissaire et jeté par-dessus bord. Mais il fut sauvé par une baleine. Le gros poisson l'avala et le recueillit dans son ventre pendant trois jours et trois nuits. Puis la baleine le cracha sur une plage.

– Comme un noyau de prune ?

– Si tu veux. Quand il se réveilla, Jonas regretta sa désertion, se rendit à Ninive et annonça la grande catastrophe. Accablés, ses habitants se repentirent et Dieu leur pardonna. Ainsi, il épargna la ville. Pour les religions du Livre, Jonas est le témoin de la justice divine. Les chrétiens de la région accordent une grande importance à cette histoire, comme les musulmans qui consacrent à Yunus une sourate dans le Coran.

– Alors pourquoi Daech a-t-il dynamité son tombeau ?

– Parce que ce sont des imbéciles. Ces gens ont la haine de l'art et de la beauté humaine.

En m'endormant, je me demande à quoi peut ressembler la mer. Je n'ai jamais voyagé jusqu'aux côtes de Syrie ou de Turquie. Mon horizon se limite aux cimes arrondies des monts Sinjar.

Je rêve du petit prophète dans le ventre du gros poisson lorsqu'une lumière m'éblouit. Les deux Abou traînent Evara par les cheveux. Je me précipite d'un bond pour leur couper le chemin. Djamila et Naline m'ont rejointe. Nous essayons de les empêcher de passer.

« Dégagez », commande Abou Anas.

Il fonce sur nous, tête baissée, la matraque d'acier prête à s'abattre. Il me heurte de tout son poids, parvient à forcer le passage, suivi d'Abou Omar qui tire notre amie par le bras. Nous les rattrapons au pied de l'escalier. Abou Anas nous repousse à coups de trique. Nous nous protégeons le visage en essayant de rattraper Evara. Trop tard. Abou Omar a claqué la porte derrière lui. Abou Anas lance une dernière charge contre nous. Nous refluons.

« Filez dans la chambre et tenez-vous tranquilles. Ne m'obligez pas à redescendre ou vous allez voir ce que vous allez prendre. La première qui la ramène, je la défonce ! »

Il écume de rage.

« Alors, on commence par laquelle ? »

Hors de lui, il tourne les talons, s'engouffre dans l'escalier et rejoint Abou Omar et Evara dans la chambre fermée à clé.

La suite, nous l'avions devinée bien avant le retour au dortoir d'Evara au milieu de la nuit. Abou Omar a enlevé son pantalon de jogging et lui a arraché les bretelles de sa chemisette. Evara s'est protégée comme elle le pouvait. Abou Omar a entrepris de l'embrasser dans le cou. Il l'a obligée à s'étendre sur l'un des lits. Le pantalon baissé, il s'est jeté sur sa victime.

En revenant, Evara a dit : « Je suis morte ! »

Elle haletait.

« Je dois mourir. Je ne pourrais plus jamais me présenter devant mes parents. Je vais me suicider. »

Nous avons essayé de la consoler. Nous lui avons dit que nous l'aimions et qu'elle n'avait pas commis de faute. « Tu es notre sœur, nous ne t'abandonnerons jamais. »

Le lendemain, ils sont repassés à l'attaque. Elle a regagné notre étage brisée et désespérée, couverte d'hématomes. Elle saignait.

« Celui qui oserait te condamner est pire que Daech. Je te le jure, nous nous sauverons ensemble. Nous nous évaderons », lui dit Naline.

Pour les deux Abou, il n'est pas question de la conduire à l'hôpital pour la faire soigner. Nerveux, nos geôliers ont d'autres priorités. Un matin, une demi-douzaine de djihadistes se donnent rendez-vous dans le petit salon du rez-de-chaussée. Nous interceptons quelques bribes de leur discussion, mais pas assez pour savoir de quoi il retourne. Je crois avoir reconnu de dos Abou Moussa, mais je n'en suis pas certaine. Nous les avons entendus monter dans des voitures et démarrer en trombe. Nous avons aussi aperçu des avions. « C'étaient les Américains », soutient Houssam, le gardien qui prétend distinguer à l'œil nu, en dépit du bon sens, une aile de F16 américain d'une aile de Rafale français.

Chaque matin, il nous indique le nombre de repas à préparer, car nous ne sommes pas les esclaves que des deux Abou. Nous devons aussi et surtout cuisiner pour la caserne. Soit une vingtaine de déjeuners et de dîners à préparer par jour, au minimum. Les plats varient peu. Nous cuisons des soupes de lentilles et de haricots rouges, de la viande de mouton, des kebabs, des ragoûts de tomates et d'aubergines, des patates bouillies persillées. Les préparatifs nous occupent une partie de la matinée. Nous devinons la visite d'hôtes de marque dans le centre de Daech à la qualité des mets exigés.

Tout à l'heure, Houssam est entré dans la cuisine pour y déposer plein de paquets pendant que j'astiquais le sol à grande eau. Il nous a annoncé un repas pour cent convives. Il doit être prêt en début d'après-midi.

« C'est opération commando, faut pas traînasser, les yézidies. »

Assises en tailleur dans la cour, nous préparons des *kouttelk*, une spécialité locale. Hevy est notre intendante. Assistée de Djamila, je roule en boulettes triangulaires une farce composée de viande, de boulgour écrasé, d'oignons et d'épices. Naline prépare les salades de tomates et de concombres.

« À mon avis, ils attendent des gens importants. Les filles, je crois qu'on prépare le banquet des émirs ! » s'exclame Djamila.

Dans la rue, des pneus crissent et des portières de voitures claquent. Nous entendons des cliquetis d'armes et des ordres qui tombent. Les deux Abou repassent en coup de vent. Fébrile, Abou Omar s'assure que nous sommes bien dans les temps.

Nous flairons la présence dans les murs de la « caserne-château » de grands chefs de l'État islamique. Peut-être leur calife en personne ?

« D'après les chaînes de télé kurdes, les chefs de Daech passent dans le coin quand ils circulent entre l'Irak et la Syrie », nous explique Djamila. Lorsqu'elle était étudiante à Mossoul, puis lorsqu'elle résidait à nouveau chez ses parents, elle suivait de près l'actualité, ce qui n'était pas notre cas, à nous, les campagnardes du Sinjar.

Nous ignorons si Abou Bakr al-Baghdadi a goûté à notre cuisine, mais le repas a, en tout cas, été servi à l'heure. Peu après, le ronflement des moteurs s'est fait entendre. Les djihadistes sont repartis en trombe, en plusieurs convois de voitures.

Le soir, nous avons droit à une soirée vidéo dans le petit salon. Les deux Abou aiment s'enfermer dans cette pièce sombre et rectangulaire pour visionner des vidéos sur un ordinateur portable qu'ils descendent de l'étage. Abou Anas et Abou Omar se délectent des films de propagande morbides mis en ligne par l'État islamique.

« Venez voir comment on tue les yézidis », lancent-ils en guise d'invitation.

La séquence qu'ils nous imposent figure entre des extraits de combats dans les monts Sinjar et le compte rendu de l'opération-suicide d'un kamikaze qui lance un camion d'essence contre un poste ennemi. C'est un document brut, dans tous les sens du terme. Trois prisonniers ligotés se tiennent agenouillés. Les égorgeurs cagoulés leur redressent la tête, un couteau à la main. Un des assassins prononce la sentence de mort devant un drapeau noir, l'inévitable *Allahou Akbar* fuse, les cous sont tranchés par le côté, puis les crânes sont posés sur les troncs des cadavres. Une partie de football s'engage avec la tête d'un des décapités en guise de ballon. Un soldat drible ses partenaires, les djihadistes s'esclaffent.

« C'est le destin des apostats », commente sobrement Abou Anas à la fin de la « projection », avant d'éteindre l'ordinateur, satisfait de sa démonstration et de notre terreur mutique.

« Qu'est-ce qui nous dit que ce sont des yézidis ? interroge Naline pour briser le silence.

– L'État islamique, ma petite yézidie.

– Qu'est-ce qui le prouve ?

– Tu as vu le regard satisfait des trancheurs de cou ? Ils vont aller au paradis parce qu'ils ont tué des apostats et ces mécréants sont des yézidis, comme toi. Un de ces jours, on vous ramènera une tête pour jouer au ballon dans la cour. Le sport entretient la forme.

– La place de ces assassins est en enfer.

– Tu te trompes. Couper les têtes des infidèles mène au paradis. »

Abou Anas sourit. Je me demande s'il prend du plaisir à tuer.

Les vidéos sont, avec la lecture du Coran pour Abou Omar, le passe-temps favori de nos maîtres. Elles entretiennent l'effroi qui nous submerge. Les deux Abou se délectent des mises en scène de meurtres comme des violences que nous subissons.

J'ai remarqué les regards visqueux qu'ils adressent à Hevy. Notre coiffeuse de Sinjar les attirent, ils laissent leurs regards traîner sur ses fesses épanouies et fermes et le long de ses jambes qui se terminent sur des chevilles d'une extrême finesse. Nous lui épargnons la corvée des repas, mais leurs désirs sont des ordres. C'est ainsi qu'un soir Hevy est montée à l'étage pour ne redescendre qu'au milieu de la nuit.

À peine entrée dans la chambre, Abou Anas a brandi son pistolet, l'a braqué sur sa tempe et lui a ordonné de se déshabiller. Elle a résisté. Le policier de Daech a sorti une paire de menottes d'un sac de sport et lui a attaché les poignets.

Hevy évite de s'épancher et même de se plaindre. Hagarde, elle est, comme Evara, obnubilée par le suicide. Plus âgée qu'Evara, elle semble aussi plus déterminée à mettre fin à ses jours. Nous la surveillons de près et redoublons de gentillesse, mais elle s'enferme, comme Evara, dans un mutisme total.

« Ces gars nous prennent pour un troupeau de chèvres, s'indigne Djamila. Et dire qu'Abou Anas est marié et qu'Abou Omar prétend être un homme de religion. »

Un matin, nous avons la surprise d'une visite féminine. La jeune femme est emmenée dans la villa par un soldat en tenue de combat islamique qui disparaît aussitôt. Elle est enveloppée dans une *burqa*, un manteau noir qui descend jusqu'aux pieds. Des gants noirs complètent la panoplie dont elle se débarrasse à la hâte pour laisser apparaître un jean bleu délavé et un teeshirt blanc.

« Je suis Sherine », dit-elle, une fois débarrassée de son uniforme.

Je reconnais la jolie fille élancée à la chevelure auburn qui avait été sélectionnée par Abou Moussa dans la maison du marché aux esclaves. Sherine nous explique qu'elle est désormais la deuxième épouse de l'émir. Elle habite « en famille » avec sa première femme et le fils du djihadiste. Sherine est contrainte d'être l'épouse du chef, mais aussi une servante jalousée par sa rivale. Celle-ci l'a même accusée devant l'émir de maltraiter leur fils. Abou Moussa lui a donné raison : il a corrigé Sherine. Elle s'est « convertie » à l'islam. Sa métamorphose religieuse paraît plus complète que la nôtre ; elle connaît ses sourates, mais son zèle ne convainc pas la première épouse. « Ma situation est déjà difficile, mais cela ne lui suffit pas. Elle monte Abou Moussa contre moi et l'émir lui donne toujours raison pour avoir la paix. On l'appelle émir, mais il n'a rien d'un prince. C'est une brute épaisse », confie Sherine.

L'idée d'Abou Moussa de reléguer Sherine dans la maison des deux Abou pendant qu'il vaque à ses occupations a sans doute germé dans son esprit lors de son dernier passage, le jour de la grande réunion de Daech. « Il y a des filles yézidies à l'autre bout de la ville, chez mes frères Abou Anas et Abou Omar, je t'autorise à les rencontrer », a-t-il dit à Sherine, en rentrant chez lui.

Sa décision a pour conséquence immédiate de sortir les deux femmes de leur enfermement en tête à tête. « Le guerrier est pour la paix des ménages à trois », ironise Djamila.

Sherine ne se lasse pas de pouvoir bavarder librement. Elle est intarissable. Abou Moussa est, selon elle, un ancien jeune sous-officier de Saddam, renvoyé de l'armée après la dissolution des forces irakiennes par les Américains en 2003. Il a alors rejoint, comme beaucoup d'Arabes sunnites, l'insurrection islamiste. Abou Moussa est un expert en canon anti-aérien, mais il ne manie que de vieilles mitrailleuses Douchka. « Il paraît que ce genre d'engin peut tirer des centaines de cartouches à la minute. Son rêve est de descendre un avion, mais autant tuer un aigle avec une pierre », se moque-t-elle.

Le lendemain, Sherine se joint à nouveau à nous en fin de matinée.

« J'ai le droit de venir tous les jours, annonce-t-elle, triomphante. C'est la meilleure nouvelle depuis mon enlèvement. Je dois préparer le petit déjeuner et faire le ménage, et après je peux me rendre chez vous. La mégère est ravie que je dégage pendant la journée et moi tout autant. »

Les visites de Sherine me réjouissent, mais je crains de me retrouver nez à nez avec Abou Moussa. « Ne t'en fais pas, son garde du corps m'accompagne de la voiture à la villa et puis il ne s'abaisse pas à parler aux captives. »

Sherine réveille en moi le moment douloureux de ma séparation d'avec Amina. Le même jour, dans le salon de la maison de vente, Sherine a perdu sa sœur Suzane. « J'ai suivi Abou Moussa sans me rebeller parce qu'il m'avait garanti que ma tante et ma sœur pourraient venir avec moi, mais il a trahi son engagement. Ma tante est dans une maison à Tal Afar, avec des prisonniers yézidis, des femmes et des enfants. Je peux lui parler au téléphone et j'ai pu la saluer, mais Suzane, à mon désespoir, a été vendue en Syrie, raconte Sherine. J'ai l'impression que ta belle-sœur Amina est partie avec elle la même nuit, puis qu'elles ont été conduites l'une à Raqqa et l'autre à Deir ez-Zor, en Syrie. Je ne suis pas sûre pour Amina, mais je suis certaine que Suzane est à Raqqa. J'ai eu de ses nouvelles et j'essaie de la faire venir à Rasty. »

Les révélations de Sherine transpercent mon cœur aussi sûrement qu'une lame. « Pauvre Amina ! Elle doit tant souffrir si elle est toujours vivante. »

Assailli par les suppliques de Sherine, Abou Moussa a négocié avec un émir syrien une « permission » de quelques jours pour Suzane. Les deux Abou ont accepté de l'héberger pour rendre service à leur chef.

Sherine débarque un après-midi bras dessus bras dessous avec sa sœur. Celle-ci a roulé une nuit entière avec un « tuteur », un soldat de Daech chargé de la surveiller, dans un minibus reliant Raqqa à Mossoul. De la nuit syrienne, elle n'a vu que les torchères des puits de pétrole. « L'odeur du mazout est tellement forte qu'il vaut mieux remonter sa vitre », dit-elle.

Suzane a de magnifiques yeux gris. Nous lui servons un thé puisé dans le stock réservé aux soldats de la caserne. Mon espoir d'en savoir plus sur le sort d'Amina est vite déçu. Elles ne sont pas parties ensemble en Syrie.

Suzane a été vendue au plus offrant, une bande de têtes brûlées de Raqqa. Leur chef l'a violée en premier. Il a plaisanté sur sa virginité, puis la prise comme un bouc. « J'ai eu tellement mal que j'ai vomi », pleure-t-elle. L'émir lui a rappelé qu'elle n'a pas le droit de se plaindre. « Un maître peut avoir des relations sexuelles avec une esclave vierge dès qu'il en a pris possession. C'est autorisé comme il est licite de te battre si c'est nécessaire. » Ses hommes ont abusé d'elle, puis se sont lassés de sa beauté fanée par leurs violences et l'ont revendue pour une bouchée de pain. Suzane est ensuite passée d'un combattant à l'autre. Elle s'est retrouvée dans un vaste appartement occupé par une brigade de dix hommes : sept Syriens, un Égyptien, un Afghan et un Américain surnommé Abou Mohamed al-Amriki.

« L'Américain m'a déchiré le ventre comme l'Égyptien ou le Syrien. Tous des salauds. J'espérais que l'Américain serait moins cruel que les autres. Il aurait pu avoir moins de préjugés sur une Kurde yézidie que les Arabes, mais cela n'a pas été le cas. Il m'a frappée parce que j'ai refusé de prendre son sexe dans ma bouche, puis il m'est passé dessus. Au bout de trois jours, il en a eu assez et m'a offerte à deux Syriens qui ne valaient pas mieux. »

Suzane est logée chez nos maîtres dans notre villa-prison sur ordre d'Abou Moussa pour éviter les disputes avec sa première femme. Sherine intrigue pour que sa sœur puisse rester en Irak, mais Abou Moussa s'est engagé à la retourner à l'expéditeur. Nous le soupçonnons de ne pas vouloir s'attirer des ennuis avec sa mégère. Sherine nous assure que cette dernière s'imagine que son mari veut faire de Suzane sa troisième épouse.

Pour Abou Moussa, Suzane est un boulet qu'il s'empresse de renvoyer à Raqqa malgré ses supplications. Son départ précipité plonge Sherine dans le chagrin et le désarroi. Ses visites s'espacent.

Dans la villa, l'ambiance est pesante. En permanence sur le qui-vive, je deviens insomniaque. Épuisée, je réclame à Djamila, lorsque mes nuits blanches deviennent interminables, l'histoire de Jonas dans le ventre de la baleine. Elle se glisse dans mon lit :

« Jonas fut jeté par-dessus bord dans les courants d'eau et les vagues. Il descendit au cœur de la mer, un pays dont nul ne revient, mais Dieu fit venir un grand poisson pour l'engloutir, et Jonas resta dans le ventre du poisson trois jours et trois nuits… »

Je m'endors dans la peau de Jonas. Dans mon songe, je m'échappe de la baleine.

Le soir, la corvée du plateau-repas de kebabs est un cauchemar. Jamais aérée, la chambre des deux Abou sent le fauve. J'ai des haut-le-cœur en posant les assiettes sur la table basse. Abou Anas a son air torve, Abou Omar consulte ses messages sur son portable. Je me méfie autant du gros que du maigre. Abou Anas me réclame des canettes de Fanta. À mon retour, il me tire par les cheveux.

Il se contracte comme s'il s'apprêtait à se jeter sur une proie facile. J'implore :

« Grâce ! Grâce ! Ne me touchez pas ! Ne me faites pas de mal ! »

Il hésite. Je profite de son temps d'arrêt pour fuir, prends une longueur d'avance et parviens à me réfugier dans la salle de bains. Il est derrière la porte. J'ai honte d'avoir dû le supplier. J'en ai assez d'être une esclave sur qui mes bourreaux ont droit de vie et de mort. Une rage folle s'empare de moi. Je pique une crise de nerfs. Je veux me fracasser la tête contre les murs.

Mes amies m'ont récupérée, couchée en chien de fusil, sous la douche.

Chapitre 7
LA GRANDE ÉVASION

La clé des champs — Sous la menace des chiens sauvages — Sur les pentes de la montagne sacrée — L'hélicoptère de la liberté.

Les journées sont interminables dans notre prison sans barreaux. L'ennui et l'inquiétude me rongent.

Je me fais pitié. Je me suis habituée à porter toujours la même robe, mais j'ai du mal à me négliger, à m'infliger pour me protéger la punition du manque d'hygiène, l'un des pires châtiments que l'on puisse infliger à une femme. Avant d'être prisonnière, j'accordais beaucoup d'importance à mon apparence. Désormais, j'évite de regarder mon reflet dans les vitres. La maladie et les privations m'ont fait perdre au moins une dizaine de kilos. Je suis chétive.

Je n'ai pas besoin de miroir. Je lis ma détresse sur la figure de mes amies. Mon visage doit refléter mon malheur et exprimer mes peurs.

Je pense à ma famille. Les dernières nouvelles remontent à la soirée passée dans la grotte sur les pentes du *djebel*. Elles étaient plutôt rassurantes. J'avais pu joindre ma sœur, Hanan. Mes parents étaient parvenus à mettre une distance suffisante entre eux et les combattants de Daech. Ils avaient quitté la province de Sinjar en passant à travers les mailles du filet tendu par les djihadistes. Hanan se plaignait d'avoir dû abandonner la maison dans la précipitation. Elle aurait aimé emporter au moins une valise. Ma cadette déteste être prise au dépourvu. Dans notre chambre commune, elle menait la guerre au désordre. Son goût du rangement pouvait tourner à la maniaquerie. Lorsque je lui demandais où se trouvait un de mes pulls ou un bracelet, elle me répondait : « À sa place ! » Restait à savoir laquelle.

Hanan doit être folle d'inquiétude. Elle doit se demander si je suis encore vivante. J'aimerais la taquiner. Où est-elle ? Peut-être est-elle sortie acheter des galettes de pain frais ? Je l'envie. Malgré ses soucis, elle sort la tête nue, le visage découvert, libre comme l'air.

Je pense aux parents de Walid. Qu'est devenu Khero, son père ? Je garde de lui l'image d'un homme désemparé. Il s'éloignait de nous au milieu d'une colonne de prisonniers sous la menace d'une automitrailleuse. A-t-il été abattu ? Mon beau-père a laissé derrière lui son épouse, ses filles, ses fils, sa belle-fille. Sa petite Amina a été déportée en Syrie par les esclavagistes. Sous mes yeux.

Étendue sur mon matelas, mon esprit vagabonde. Je fixe le plafond. Je suis seule, mais je sais que Walid pense à moi où qu'il soit. J'entends sa voix. Mes dernières paroles échangées avec lui ont été : « Je raccroche, ils nous arrêtent. » Je n'ose imaginer que notre histoire puisse se terminer ainsi. Walid, j'ai encore tant de choses à te dire, des mots d'amour et des mots sans importance.

Walid, mon âme, j'ai besoin de toi. Pourras-tu ne pas me blâmer ? Je suis battue et torturée, mais que pèsent mes souffrances face au poids des traditions ? J'ai perdu ma religion et avec elle mon honneur. Quelle honte ! Au regard des lois non écrites de mon peuple, j'ai trahi ma foi. C'est faux, mais je doute de l'esprit de compassion de mes semblables. Si d'aventure tu me pardonnais, les autres en feront-ils autant ?

Les idées noires se bousculent dans ma tête. Je veux mourir ou fuir. J'ai repéré dans la salle de bains des carrelages ébréchés. Faute de ciseaux, ce sont les uniques objets tranchants à ma portée pour me couper les veines. J'hésite.

Naline a remarqué ma façon « bizarre » d'examiner les couteaux de la cuisine. Nous n'avons pas de lames longues pour découper la viande de mouton. Nos maîtres les ont sans doute fait disparaître par crainte que nous les retournions contre eux. Nous pelons les légumes à l'éplucheur, misérable ustensile que Naline surveille par peur d'une blessure volontaire.

En dépit de sa défaillance face au supplice de l'électricité, notre « grande sœur » continue à exercer un ascendant sur nous. Naline a un vrai charisme. Sa sagesse et sa force intérieure nous aident à tenir le coup.

À l'extérieur, la chaleur de l'été retombe. À l'intérieur, les deux Abou font régner la même terreur.

Bouchra, l'aînée du groupe, a entrepris de les convaincre de la laisser rendre visite à son frère. Elle a appris, par hasard, lors d'une discussion avec Sherine, qu'il était retenu à Tal Afar après avoir adopté la religion musulmane. Les deux Abou ont autorisé Bouchra à le contacter *via* leur téléphone. Depuis, elle les supplie d'accepter qu'elle le rencontre et leur promet qu'elle rentrera sans broncher.

À force d'insistance, Abou Anas cède. Il la dépose chez son frère à Tal Afar avec un permis de visite d'une heure. L'hôte s'est engagé à ce qu'elle ne se sauve pas. La mort l'attend si le contrat est rompu.

Bouchra espère qu'il pourra la renseigner sur leur père, sur qui elle veillait depuis le décès de leur mère il y a six ans. Elle l'avait quitté devant son magasin d'alcools et de cigarettes. Les combattants de l'État islamique venaient d'y mettre le feu. « Estimez-vous heureux de ne pas être jetés dans les flammes. C'est là que vous devriez être », criaient les incendiaires.

Bouchra et son père ont été séparés. La jeune femme a suivi l'itinéraire des captives conduites dans des salles de réunion à Mossoul avant d'être vendues dans des maisons de particuliers. Son père avait été poussé à l'arrière d'une voiture et avait disparu sans que son fils parvienne à découvrir, malgré ses recherches incessantes, s'il était toujours en vie.

« Je suis sûr qu'il n'est pas à Tal Afar, dit-il à Bouchra. J'ai parcouru la ville de fond en comble. »

Bouchra compte sur son frère pour qu'il retrouve leur père, qu'il continue à chercher tout en faisant bien attention à lui. Elle n'a plus que lui.

Bouchra n'a pas vu l'heure tourner. Au retour d'Abou Anas qui s'impatiente, elle le conjure d'accepter une prolongation de l'escapade jusqu'au lendemain matin. Elle le supplie de la laisser passer la nuit auprès de son frère. Il n'en est pas question. Bouchra pleure. Excédé, le djihadiste s'en prend à elle : « Tu avais juré de ne pas pleurnicher. Tant pis pour toi, tu ne reviendras pas à Tal Afar. On ne m'y reprendra plus. Les yézidis n'ont décidément pas de parole. Avec vous, ce n'est que jérémiades et lamentations. »

La visite a finalement fait plus de mal que de bien à Bouchra. Elle a attisé son chagrin. Son humeur cafardeuse lui vaut d'être rabrouée par Naline.

D'un air mystérieux, la « patronne » lui conseille de rester positive. Elle ne peut pas en dire plus dans l'immédiat.

« Demain, j'ai une surprise pour vous », glisse-t-elle avec un air plein de sous-entendus.

Cette nuit, comme presque toutes les nuits, je ne parviens pas à m'endormir. Dans mon demi-sommeil, j'imagine Walid à ma recherche dans un monde hostile.

Levée tôt, je m'active en cuisine pour m'occuper l'esprit. Les deux Abou ont quitté la maison dans la précipitation peu après la prière de l'aube. Absorbée par la confection d'une soupe aux lentilles rouges, je cherche un citron dans la réserve quand Naline me prend par l'épaule :

« Laisse ta soupe et viens nous rejoindre dans le dortoir, j'ai quelque chose à vous montrer, les filles. »

Naline a glissé ses mains dans le dos.

« Devinez ce que je tiens ? » demande-t-elle.

Sans même nous laisser le temps de répondre, elle brandit une clé de la main gauche.

« Voici la clé du premier étage », lance-t-elle, d'une voix triomphante.

Un *wahou* d'admiration s'élève de nos poitrines.

« Et ce n'est pas tout. Voici la clé de la porte-fenêtre du salon, dit-elle en ouvrant sa main droite.

– C'est pas vrai ! crie Hevy.

– Vive les Anges qui nous protègent ! Vive Naline ? », s'enthousiasme Bouchra.

Ébahies, nous félicitons notre amie comme si elle revenait d'une pêche miraculeuse.

« Ces bouts de métal ont le pouvoir de changer notre existence. Ce sont les clés de la délivrance, commente, grandiloquente, Djamila.

– Tu les as depuis quand ?

– Où les as-tu trouvées ?

– Comment as-tu fait ? »

Les questions s'enchaînent trop vite pour qu'elle puisse y répondre.

« Je vais vous expliquer si vous me laissez parler. Hier, après le départ d'Abou Anas et de Bouchra, j'ai découvert un trousseau de clés oublié sur la table basse du petit salon sous une pile de linge. Il y avait une bonne douzaine de clés de différentes tailles. Je les ai testées sur toutes les serrures de la maison pendant que vous prépariez les repas. Il n'y avait pas la clé de la porte d'entrée, mais nous ne pouvons pas, quoi qu'il arrive, utiliser ce passage, car il est gardé par Houssam. En revanche, j'ai récupéré la clé du premier étage et celle de la porte-fenêtre du rez-de-chaussée qui donne sur l'arrière-cour. J'ignore à quoi correspondent les autres, mais il s'agit d'un trousseau de secours, des doubles que ces imbéciles ont oublié de ranger.

– Bravo Naline, mais pourquoi tu ne nous as rien dit hier ? Nous aurions pu t'aider, dit Djamila.

– Je voulais éviter de vous mêler d'emblée à cette histoire. Je ne savais pas s'ils allaient remarquer la disparition du trousseau. Ce matin, ils l'ont récupéré apparemment sans vérifier si le compte des clés y était. On a de la chance. Il faut la garder de notre côté. On va fouiller l'étage supérieur. S'ils ne nous permettent pas d'y monter dans la journée, c'est qu'ils ont des choses à cacher. Suivez-moi ! »

Hevy et Djamila sont chargées de faire le guet. Elles se tiennent près de l'entrée, prêtes à trouver un prétexte pour retarder Houssam si d'aventure il devait pénétrer à l'improviste dans la maison. À cette heure, nous n'avons rien à craindre : il devrait être affalé sur sa chaise en plastique, plongé dans un jeu sur son smartphone. Evara est postée dans l'escalier, en sentinelle prête à sonner l'alarme, pendant que Bouchra, Naline et moi explorons l'étage supérieur.

La porte de la chambre d'Abou Anas et d'Abou Omar est fermée à double tour. Nous n'insistons pas. Et c'est tant mieux ! L'idée de fouiller la tanière de ces personnages répugnants me dégoûte.

Après avoir traversé le couloir, nous découvrons une grande pièce vide qui donne sur une chambre de dimension modeste, mal éclairée, qui sert de débarras. Au centre, de grands sacs d'emballage agricole. Ils regorgent de téléphones portables de toutes marques et de toutes couleurs. Ils ont sans doute été dérobés par les membres de Daech sur les barrages routiers, lors des rafles et durant le pillage des villes. Il y a là un bon millier d'appareils. Dans une penderie, nous découvrons une cinquantaine d'ordinateurs portables volés. « Nos deux bandits sont voleurs et receleurs », soupire Bouchra.

Sans perdre un instant, nous poursuivons notre parcours en grimpant à l'échelle qui donne par une trappe sur le toit. Je passe la tête et débouche sur la terrasse. Naline avance en rampant au sol pour éviter d'être repérée. Il est impossible de nous voir depuis les toits plats des maisons abandonnées du voisinage, mais nous préférons ne pas prendre de risques.

Depuis mon poste d'observation, derrière l'antenne parabolique, la vue est panoramique. Je découvre le village où nous sommes retenues, avec ses maisons carrées, ses cours plantées de rares arbres rabougris et entourées de hauts murs de brique, ses rues désertes. Le silence de plomb ne laisse planer aucun doute : le village a été vidé jusqu'au dernier de ses habitants yézidis. Nous sommes dans le centre d'un bourg à l'abandon, au fond d'une plaine couverte de prairies, avec, en face, le *djebel*.

Les premiers contreforts des monts Sinjar semblent à la fois proches et lointains. Quelques kilomètres nous séparent à vol d'oiseau des premiers raidillons. Le sommet du massif est enrobé d'une nappe de petits nuages blancs floconneux.

Je jubile devant le spectacle de notre montagne sacrée. Ses chemins sont, pour moi, les sentiers de la liberté. Je les parcourais en famille.

Pendant que je contemple le paysage en rêvassant, Naline poursuit ses investigations à l'étage.

« Voilà ce qu'il nous manquait », s'exclame-t-elle en ouvrant une valise remplie de chargeurs pour portables jetés en vrac.

« Nos deux bonshommes ont dû récupérer le matériel et le stocker ici pour s'équiper ou pour le revendre, je ne sais pas trop », commente-t-elle.

Nous comparons les chargeurs avec les téléphones. Aucune prise ne correspond. Énervée, j'ouvre la coque des mobiles un à un. Ils sont déchargés et surtout vidés de leur puce. Or, sans carte, impossible d'avoir accès au réseau mobile pour appeler au secours. J'enrage tandis que Naline reste imperturbable. « J'ai une deuxième surprise », dit-elle.

Direction le rez-de-chaussée. Dressée sur les premières marches de l'escalier, Naline dégrafe sa chemise pour farfouiller dans son soutien-gorge.

« Jinan avait caché une photo de son chéri contre sa poitrine. Eh bien moi, j'ai contre mon sein la... carte SIM de mon mobile », dit-elle.

Comme dans le tour d'un prestidigitateur, elle sort une puce.

Nous la congratulons.

« Bien joué. Je m'en veux de ne pas avoir agi comme toi, dis-je.

– Génial, ajoute Djamila. Mais, moi aussi, j'ai une surprise pour vous : il y a un chargeur de marque Sony sur une étagère du petit salon.

Je l'ai vu lorsque nous nous sommes coltiné les vidéos d'attentats kamikazes. Il peut nous servir.

– C'est vraiment notre jour de chance. Des Sony ? J'en ai vu au moins dix en haut », sourit Naline.

Nous mettons l'un des appareils en charge et nous en dissimulons deux autres dans un meuble de la cuisine, une pièce que les deux Abou évitent dans la mesure du possible. Puis nous refermons à clé, comme si de rien n'était, le premier étage. Dès que le niveau de batterie le permet, Naline appelle son frère à Celle, une ville allemande où vivent de nombreux exilés yézidis :

« Brader, c'est Naline.

– Naline ? Où es-tu ?

– Je n'ai pas beaucoup de crédit. Je vais t'expliquer, mais rappelle-moi d'urgence, c'est une question de vie ou de mort. »

Une sonnerie aigrelette tinte quelques secondes plus tard.

« Brader, je suis à Rasty, un village pas loin de Tal Afar. Je suis prisonnière de Daech. Ils ont fait de moi une esclave. J'ai besoin d'aide.

– Je vais te sortir de là, mais laisse-moi d'abord réfléchir. »

Son frère se souvient de Dosto, un de ses amis originaire de Rasty.

« Je le contacte tout de suite. Appelle-le ensuite de ma part, c'est un type formidable. Je suis certain qu'il sera à la hauteur. »

C'est ainsi que germe notre rocambolesque projet d'évasion.

Dosto est un rescapé du nettoyage mené par Daech dans le bourg au début du mois d'août. Il a réussi à quitter Rasty dans la matinée, avant le pillage de la localité par les assaillants. Il s'est réfugié dans la montagne. Il l'a escaladée par la route, à pied, en plusieurs jours, comme les 50 000 personnes qui fuyaient alors l'avancée de Daech. Une fuite apocalyptique durant laquelle les plus faibles, des vieux et des enfants malades, sont morts d'épuisement ou de soif. Il s'est retrouvé sur les pentes du *djebel* avec Daech à ses trousses. L'intervention de l'aviation américaine et des combattants kurdes venus de Turquie et de Syrie les a sauvés d'une fin tragique. Dosto a depuis lors rejoint les rangs de la résistance armée yézidie.

Nous établissons des règles de sécurité pour communiquer. Nous coupons la sonnerie du téléphone et lui signalons par SMS les moments propices pour les appels.

Dosto connaît les chemins de traverse du secteur comme sa poche et n'a aucun mal à situer notre maison-prison. Il nous explique la topologie du village et des environs.

Nous dessinons un plan d'après ses indications. Il est possible, selon lui, de rallier à la marche en une nuit la résistance, qui a un poste avancé et tient tête à Daech, non loin de

Rasty, sur une hauteur des monts Sinjar. La balade s'annonce compliquée. Il y a un millier de mètres de dénivelé à gravir sans se faire repérer par les djihadistes et une ligne de front à franchir.

« Je peux vous piloter à distance, par téléphone, en vous indiquant les chemins à suivre », propose-t-il.

Notre décision est prise. Nous allons tenter la grande évasion dès que la première occasion se présentera, quitte à improviser.

Plus de onze semaines se sont écoulées depuis mon enlèvement. Près de trois mois de souffrances et d'esclavage. J'ai souvent baissé la tête devant mes geôliers, mais j'ai gardé l'envie de me battre pour survivre.

Nos maîtres ont un peu relâché la pression. Non par bonté d'âme, mais parce qu'ils ont l'esprit ailleurs. Lorsqu'ils passent dans leur repaire, c'est pour s'affaler sur leur paillasse. Houssam, le gardien, a disparu. Il aurait été envoyé en première ligne en renfort. Il n'a pas de remplaçant attitré, mais l'entrée de la résidence semble gardée et la nourriture pour les repas de la caserne de l'État islamique et de nos maîtres est livrée par un nouveau barbu à veste militaire.

Nous avons chargé à bloc trois téléphones et nous sommes prêtes à passer à l'action en mode commando féminin. Nous allons tenter de nous évader sans déguisement. Il ne servirait à rien de se travestir en pieuse musulmane. En cas de contrôle de Daech, nous serions vite démasquées tant la présence d'un groupe de six promeneuses larguées en pleine campagne paraîtrait improbable. Et si nous devions tomber sur des peshmerga, ils pourraient nous prendre pour des kamikazes en vadrouille.

Les deux Abou ont mis à notre disposition un stock de vêtements religieux. Étant « leurs femmes », nous n'avons pas à nous couvrir à l'intérieur de la maison, et comme nous sommes interdites de sortie… Seule Bouchra a mis le *niqab* pour se rendre chez son frère à Tal Afar. Pour ma part, je n'ai jamais porté cet affreux voile avec ou sans grillage, ni aucune *abaya*. Ces habits islamiques sont de véritables prisons ambulantes. Je ne suis pas étonnée qu'ils plaisent aux monstres qui nous détiennent.

Nous gardons nos vêtements d'été malgré le changement de temps. Les chaleurs insupportables de l'été ont cessé. Il a même plu pour la première fois depuis le mois de mai. De fortes averses d'orage.

Sur le front aussi l'orage semble gronder. Ce soir, les deux Abou rentrent fatigués et énervés. Abou Anas balance dans le couloir un sac qu'il a du mal à porter tant il est lourd. Je ne sais ce qu'il contient. Des gilets pare-balles peut-être. Abou Omar se précipite dans la cuisine pour se servir une boisson gazeuse dans le réfrigérateur sans prêter attention à la présence de Djamila qui prépare leur repas.

« Tu veux boire quelque chose ? demande l'imam au policier.

– Ça me désole que ce pauvre Houssam soit mort. *Allah y Rahmou* ! Que Dieu ait son âme.

– Il a été vaillant ! répond Abou Anas.

– Au fait, il n'y aura personne cette nuit pour garder la maison. Le veilleur de nuit est parti remplacer Houssam à Sinjar et c'est la pagaille à la caserne. Je suis crevé, on réglera ça demain matin !

– Tu as raison. Moi aussi, je suis crevé. Allons nous coucher. »

Dès que les bruits de pas cessent dans la chambre du haut, nous réglons les ultimes préparatifs de notre évasion. Le silence est réclamé. Il est désormais interdit de parler. Nous communiquons par signes. Nous avons prévu de garder nos chaussures à la main et de quitter le village pieds nus pour n'éveiller l'attention de personne. La porte d'entrée est verrouillée, les volets clos et les fenêtres condamnées.

Nous sortons, comme prévu, à pas de loup par la porte-fenêtre. Une à une, nous escaladons la clôture. Nous voilà dans la rue, à l'abri d'un muret. Devant nous, vingt mètres à parcourir à découvert avant de tourner à droite et de sortir du champ de vision des occupants de la caserne de Daech.

Aucune ombre ne se profile devant l'immeuble des djihadistes. La voie est libre. Nous nous lançons sur la chaussée comme une volée de moineaux. Poussée par la peur de prendre une rafale de mitraillette dans le dos, je cours sur la pointe des pieds jusqu'au coin de la rue. Je me retourne. Djamila est la dernière à rejoindre le groupe. Puis nous marchons en file indienne vers la sortie du village en suivant l'itinéraire étudié depuis la terrasse de la maison. Soudain, un bruit de moteur nous tétanise. Des phares de voiture se rapprochent. Nous nous dissimulons derrière une palissade. Mon ventre se noue. Le véhicule ralentit à notre hauteur pour contourner l'épave d'une voiture renversée avant de tourner et disparaître dans la direction du camp des djihadistes. Ni vu, ni connu, nous reprenons notre traversée du village fantôme. L'index sur la bouche, Naline ouvre la marche. Nous longeons un immeuble détruit par un incendie. À la sortie du bourg, nous bifurquons pour prendre un chemin de terre détrempé.

Crispée, Naline appelle Dosto. Elle l'a prévenu par texto du lancement imminent de la tentative d'évasion, mais il reste à reprendre le contact.

« Ça sonne, mais il ne répond pas », chuchote-t-elle.

Le deuxième essai est le bon. Le portable collé à l'oreille, Naline décrit notre environnement : des prairies parsemées d'arbustes et éclairées par un maigre croissant de lune. Il doit être minuit. Dosto devine notre position, qu'il entre dans son GPS, puis donne ses instructions. Naline me fait penser à une non-voyante dirigée à distance par un invisible chien d'aveugle.

Le chemin est toujours aussi inondé. Nous trottons dans la gadoue pendant une trentaine de minutes. Le quart de lune qui nous éclairait jusqu'à présent a disparu derrière les nuages. La nuit est d'encre. Naline a perdu le cap, ainsi que Dosto. Je l'entends jurer : « Merde, ça passe pas. » J'ai l'impression que nous tournons en rond. Quand le réseau revient enfin, notre guide nous annonce que nous allons tout droit vers un checkpoint de Daech. Nous faisons aussitôt demi-tour.

Nous devons trouver un oued qui descend de la montagne. Une fois là, nous remonterons le lit de la rivière jusqu'à sa source pour atteindre le pays de la liberté, le plateau des monts Sinjar.

L'oued forme un large fossé d'une profondeur d'un mètre environ. Sec durant la saison d'été, il est en ce mois d'octobre pluvieux envahi par la boue. Fidèles aux consignes, nous progressons deux par deux. Naline et Bouchra ouvrent la voie, Djamila et Evara suivent à une distance d'une quinzaine de mètres, je ferme le ban avec Hevy. Je progresse avec, par endroits, de la boue jusqu'au bas du mollet. Les averses ont creusé la ravine pleine de trous d'eau piégeux.

Nous cheminons dans la plaine, mais la piste fangeuse qui se faufile entre des mamelons va bientôt escalader le massif. Obnubilée par les risques de glissade et de chute, je n'ai pas prêté attention aux aboiements des chiens. Ce n'est que lorsque j'entends grogner près de moi, dans le noir, et que je me suis arrêtée, que j'ai vu, en levant les yeux, la silhouette des bêtes : on dirait les grands chiens de bergers kurdes revenus à l'état sauvage. Agressifs, ils montrent leurs crocs depuis le bord du fossé, mais hésitent à s'aventurer dans l'oued. Ils nous suivent en nous reniflant. Par précaution, je ramasse une grosse pierre. La bande pousse des hurlements effarants. Nous cessons d'avancer dans l'espoir de les calmer lorsque des coups de feu claquent. Une rafale de kalachnikov à n'en pas douter. Effrayés, les chiens déguerpissent. Qui tire ? Nous nous regroupons en marchant en canard.

Au téléphone, Dosto se veut rassurant :

« Ne vous inquiétez pas, cela doit être des peshmerga, mais évitez d'attirer l'attention, on ne sait jamais. »

La montagne est un territoire à risques, où circulent djihadistes et peshmerga sans que l'on parvienne toujours à distinguer les uns des autres. Les combattants des deux bords se déguisent pour mieux surprendre l'ennemi. Dosto nous conseille de redoubler de vigilance. « Ne vous fiez pas aux apparences ni aux tenues. Courage ! Vous êtes sur la bonne voie ! »

Ses encouragements sont les bienvenus. L'oued se transforme en toboggan aussi pentu que glissant. C'est maintenant le début de l'ascension. La montée est périlleuse.

À l'avant, Bouchra, désignée éclaireuse du groupe car elle est la plus sportive d'entre nous, imprime un rythme toujours aussi soutenu. Sa chute dans une profonde cavité d'où elle s'extrait avec difficulté calme ses ardeurs. Trempée jusqu'aux os, elle a perdu ses chaussures dans l'accident. Exténuée, Djamila s'est tordu la cheville et réclame une pause. Naline la rudoie : « Si tu t'arrêtes, on continue sans toi. » Elle reprend l'ascension en clopinant.

Nous entamons notre quatrième heure d'expédition nocturne. Je n'ai pas l'intention de flancher après tant d'épreuves. Hevy, ma partenaire de marche, non plus. Son soulier s'est cassé en deux sur le tranchant d'une pierre, mais elle n'en a cure. Une entaille sous la plante du pied la fait souffrir au point qu'elle accepte ma paire de baskets.

Notre équipe de fugitives a piteuse allure. À mon tour de me blesser. Je m'ouvre le mollet en m'affalant sur un tapis de cailloux acérés. Le sang coule en abondance. Naline propose enfin une pause.

« D'après mes calculs, vous avez effectué la partie la plus dure et la plus périlleuse du trajet. Vous êtes maintenant dans un secteur sous contrôle kurde, mais vous n'êtes pas pour autant au bout de vos peines, explique au téléphone notre guide. Le jour va bientôt se lever. Reposez-vous un peu et repartez dans une heure. À propos de danger, je ne voulais pas vous inquiéter, mais les coups de feu que vous avez entendus tout à l'heure ne pouvaient être tirés que par des gens de Daech. Vous êtes passées sans vous en douter à côté de l'un de leurs postes avancés. Heureusement pour vous que les chiens ne sont pas revenus à la charge. Leurs aboiements auraient poussé les djihadistes à venir voir ce qui se passait du côté de l'oued. »

Le lever du soleil sur la montagne est grandiose. Ce disque blanc qui monte dans le ciel rouge me remplit de bonheur. Le jour qui vient est celui de la libération.

Nous nous dirigeons vers un barrage des forces kurdes. Les sentinelles ont été informées par Dosto de notre arrivée, mais rien ne se passe comme prévu.

« Je viens de joindre le poste : il y a un problème, annonce notre ami. Les gardes ont oublié de passer la consigne à la relève. Ne vous approchez pas, car cela peut mal tourner. Les nouveaux pourraient s'imaginer que vous êtes des éléments infiltrés. Je vais descendre leur expliquer de vive voix la situation. Attendez-moi. »

La délivrance est proche, mais l'attente s'éternise. Nous sommes assises dans le creux de l'oued, à quelques centaines de mètres seulement en aval de l'avant-garde kurde. Et Dosto qui n'appelle pas.

Naline a sorti de la poche de sa veste la photo souvenir de mon couple :

« Il est temps que je te rende ta photo fétiche », dit-elle en me tendant le cliché.

Je hausse les épaules.

« Je n'en ai plus besoin. Maintenant, je veux voir Walid en chair et en os… Tu sais, j'ai peur de son désespoir. S'il devait mourir, je mourrais aussi.

– Ne t'en fais pas. Tu le verras bientôt et vous vivrez un amour encore plus intense qu'avant. Les épreuves renforcent les sentiments. J'en suis persuadée. »

Au poste, Dosto subit un sévère interrogatoire. Méfiants, les combattants ont du mal à croire à son récit un brin abracadabrant :

« Qui nous dit qu'il ne s'agit pas d'une ruse ? On fait quoi si ces femmes se révèlent des Arabes déguisés ?

– Tu peux me faire confiance. Je ne les connaissais pas, mais un ami sûr nous a mis en contact. Je me porte garant d'elles. »

Les miliciens décident d'aller à notre rencontre plutôt que de nous laisser approcher l'avant-poste. Une patrouille entre dans le lit de la rivière tandis qu'un groupe d'appui se place en retrait sur une hauteur, derrière des rochers, pour dominer la situation. Parvenus à cinquantaine de mètres de nous, les combattants nous mettent en joue.

« Écoutez nos instructions ! Vous allez entendre un coup de sifflet qui va donner le signal du départ de la première d'entre vous. À chaque coup de sifflet, une fille avance. Compris ? »

Naline démarre au premier roulement de sifflet, les mains sur la tête ; Bouchra au deuxième ; Evara au troisième ; Djamila au quatrième ; Hevy au cinquième et moi au sixième.

« Gagné ! » crie Naline.

Je ris, je pleure, je ne sais plus très bien. J'ai besoin de toucher mes amies une à une pour me prouver que je ne rêve pas.

Nous avons réussi. Je suis une femme libre !

Nous remercions Dosto, notre sauveur. Sans lui, notre projet fou n'aurait jamais abouti.

Ému, un peshmerga me donne une paire de bottes qu'il avait rangée dans son paquetage et une veste pour me protéger de la fraîcheur matinale. Je la glisse sur mes épaules par-dessus la robe que je porte depuis bientôt trois mois.

« Tu pourrais être ma sœur », dit-il les yeux mouillés.

Notre escouade rejoint le camp des unités de la résistance yézidie, une ancienne bergerie, où un médecin nous examine.

J'interroge les miliciens pour savoir si l'un d'eux connaît Walid.

« Je vois de qui tu parles. Je suis de Rodja, un petit village près de Navdashte. J'ai joué au football avec lui, me soutient un garçon d'une vingtaine d'années. Prends mon mobile et appelle ton chéri. »

Je m'isole et compose son numéro appris par cœur à l'époque où nos amours étaient clandestines.

Le téléphone sonne deux, trois, quatre, cinq fois, puis il décroche :

« Allô !

– …

– Qui est à l'appareil ?

– … »

Aucun mot ne sort de ma bouche. Je suis tétanisée.

« Jinan ? Jinan. C'est toi qui pleures ? »

J'aimerais lui dire : « Oui, Walid. »

« Je t'en prie ! Dis quelque chose !

– … Walid, c'est moi, Jinan. »

L'émotion me submerge. Nous raccrochons de conserve avec la promesse de nous rappeler dès que nous aurons recouvré nos esprits. Prise de spasmes, je tremble comme une feuille.

Notre longue marche n'est pas terminée. Il nous reste à grimper jusqu'au sommet. Soit une poignée d'heures de montée supplémentaires.

Je ne sens plus la fatigue. Nous sommes dirigées vers un camp de déplacés yézidis planté de grandes tentes blanches frappées du logo des Nations unies. Je reconnais de loin l'homme au front ceint d'un turban rouge et blanc qui me tend les bras : c'est Khero. Walid l'a prévenu.

« Je suis si heureux de te revoir », me dit-il. Mon beau-père m'apprend qu'il est dans la montagne depuis des semaines et qu'il n'en redescendra pas tant qu'il n'aura pas retrouvé Amina.

Le soir, je lui raconte comment j'ai été séparée de sa fille dans la maison de l'émir Abou Moussa, l'homme qu'il avait vu me menacer le jour des rafles et des massacres.

Assis en tailleur, il serre les poings et frappe le sol. « Je la retrouverai ! » jure-t-il.

Je passe la nuit sous la tente de la famille de Rezan, un cousin. Je suis inscrite avec mes cinq camarades d'esclavage sur la liste des passagers admis à bord du prochain hélicoptère pour la base militaire de Zakho, au Kurdistan irakien, dans la région frontalière avec la Syrie et la Turquie. La navette aéroportée est quotidienne quand il n'y a pas de vents de sable ou de pluie. Elle est le cordon ombilical entre les autorités kurdes et la résistance des monts Sinjar encerclée par Daech.

À midi, l'appareil, un vieil hélicoptère de transport de l'époque soviétique, survole en rase-mottes le massif pour se poser, porte ouverte, sur un pré en contrebas de la route.

J'ai du mal à tenir debout sous le vent des pales. Deux militaires kurdes sautent à terre. Des équipements, des sacs de riz et des vivres sont déchargés.

Les peshmerga aident notre groupe de six à monter à bord.

« Laissez-les passer. Elles sont prioritaires », hurle un soldat.

C'est la cohue. Une vingtaine d'enfants, de vieux et de blessés tentent de monter à bord pour échapper au siège. Les pilotes s'inquiètent. Deux hélicoptères se sont déjà crashés pour cause de surcharge. Nous décollons enfin.

J'interroge le navigateur :

« On arrive quand ?

– Dans dix minutes, si tout va bien. »

C'est mon baptême de l'air. Je vole comme un aigle au-dessus de notre montagne sacrée.

Points minuscules vus du ciel, des dizaines de journalistes survoltés nous attendent au bord de la zone d'atterrissage de l'héliport de Pesh Khabur.

Ils posent, tous en même temps, mille questions. Une forêt de micros, de perches et d'appareils photo est braquée sur nous. Ils nous traitent comme des héroïnes. Rassemblées dans une caserne, nos familles nous accueillent. Mes parents, mes frères et ma sœur Hanan sont là. Je cours vers eux tandis que papa se détache de la foule pour venir à ma rencontre. Nous nous étreignons.

Je lui demande :

« Où est Walid ? »

Il sourit en se mordant les lèvres et me dit :

« Il arrive, mon enfant. »

Chapitre 8
IL S'EST BATTU POUR MOI

La fuite des derniers chrétiens — Dans mon village dévasté — Avec la guérilla dans les montagnes du Sinjar — Comment Amina s'est évadée de l'usine à gaz syrienne.

Depuis mon appel désespéré, Walid n'a qu'une idée en tête : me rejoindre. Dès que nous nous retrouvons, après ma délivrance, il se met à me raconter comment il a pris la route, dans notre direction. Il abandonne son chantier à Souleimaniye. Le béton coulera dans les coffrages sans lui. Il espère rallier au plus vite les monts Sinjar pour partir à ma recherche. Il me sait quelque part sur la route, au-dessus du village, tâchant de gagner un refuge dans la montagne avec son père, sa mère, ses deux sœurs et sa petite nièce.

Il me dit comment il a vécu les événements, comment ils se sont enchaînés pour lui, combien l'attente a été longue, surtout pour moi. Je veux ici raconter, les dures semaines qu'il a vécues.

Après mon appel, il a donc quitté le chantier sur le site de l'hôtel en construction à Souleimaniye où il travaillait.

Souhil, un chauffeur de taxi, a accepté de l'emmener. Il rentre chez lui à Zakho, dans le nord-est du Kurdistan, à quelques kilomètres des frontières turque et syrienne. Souhil est aussi pressé que lui. Il veut rassurer sa famille inquiétée par les derniers événements, mais d'inextricables embouteillages se sont formés. Les radios diffusent des émissions spéciales. Dans la nuit, Qaraqosh, la plus grande ville chrétienne d'Irak, est tombée aux mains de Daech. Les peshmerga se sont repliés à l'intérieur de leur territoire pour ne pas être pris à revers par l'ennemi dans la plaine de Ninive. Jetés sur les routes de l'exode, des centaines de milliers de personnes rallient le territoire kurde.

Les deux hommes contournent Erbil, la capitale du Kurdistan, par l'autoroute circulaire. À une station-service, le pompiste est en panique. « Rien ne les arrête. On dit que les islamistes vont envahir Erbil. Il paraît qu'ils ont des complices en ville », s'affole-t-il. Souhil fait aussi le plein en bouteilles d'eau minérale.

Leur voiture avance à contresens d'un flot ininterrompu de véhicules et d'une marée de marcheurs. Le cortège forme un immense serpent, sans queue, ni tête.

Des milliers de voitures et de camions fondent sur eux, sur trois voies, pare-chocs contre pare-chocs. Il y a même des tracteurs. Les piétons se faufilent sur les bas-côtés. Valises à la main et sac sur le dos, ils avancent dans la poussière.

Remonter les colonnes de réfugiés, c'est s'enfoncer dans le malheur des autres. Les enfants traînent, des femmes protègent des bébés en pleurs, des vieillards sont transportés sur des brancards ou soutenus par leurs fils. Le soleil tape fort. Walid baisse sa vitre pour offrir des bouteilles d'eau. Mon numéro de téléphone sonne dans le vide, je ne réponds toujours pas.

Au croisement de la route de Mossoul, le bastion des djihadistes distant d'une quarantaine de kilomètres, la circulation est paralysée. Souhil est sollicité par des voyageurs en quête d'un véhicule. Le taxi reprend, gratuitement bien sûr, sa vocation première. Un couple de réfugiés chrétiens et leurs trois enfants se serrent sur la banquette arrière. Leurs bagages s'amassent dans le coffre qui, rempli jusqu'à la gueule, ne ferme plus. Peu importe !

Souhil a branché l'autoradio sur 92.25 FM, la fréquence de la radio de l'État islamique. Un bruit de moteur qui démarre, suivi d'une longue litanie puis d'une explosion, la station diffuse en arabe ses messages publicitaires en faveur des opérations-suicides. Souhil traduit : « Notre martyr n'a pas eu peur de la mort. Il a rejoint le paradis d'Allah en tuant les *kouffar* et les *Nassara* [les mécréants et les chrétiens]. » La radio diffuse entre deux sourates du Coran des conseils islamiques aux automobilistes, inspirés de la vie du Prophète... Walid lui demande de couper. Ils repassent aux chants patriotiques kurdes.

« Merci d'avoir changé de fréquence. Nous avons vu les gens de Daech et nous avons fui pour ne pas les entendre », dit le père de famille, parti à la hâte, dans la nuit, d'un hameau de la plaine de Ninive. Il a tout le temps de leur raconter sa fuite.

« Les islamistes sont montés dans le minaret de la mosquée pour crier *Allahou Akbar,* puis ils ont arraché les croix de l'église. Nous avons eu peur d'être massacrés dans l'obscurité. Ils nous ont ordonné de quitter les maisons. Nous avons pris la voiture, mais nous avons dû l'abandonner. La circulation était paralysée.

– Vous avez bien fait, commente Souhil.

– Nous le pensions, mais nous sommes retombés sur eux, à l'aube, au check-point de Kalak tenu par les peshmerga. Le jour se levait. Je les ai vus débouler au loin dans leurs véhicules avec leurs drapeaux noirs. Les soldats kurdes fendaient la masse des voitures pour passer au plus vite dans leur zone. Ils ont tiré en l'air et curieusement les djihadistes ont fait demi-tour. »

Leur compagnon de route est effondré :

« Cette fois, c'est sûr, on ne pourra plus jamais cohabiter avec les Arabes sunnites. À Mossoul, les chrétiens ont dû choisir entre la conversion, l'impôt ou la décapitation. Ils sont partis.

– Au moins, ils avaient le choix entre la vie et la mort. Pour eux, les chrétiens sont des demi-hommes, mais nous, les yézidis, ils nous prennent pour des larves à exterminer, dit Walid.

– À mon avis, les chrétiens ne reviendront pas à Mossoul. Nous étions encore 50 000 chrétiens il y a dix ans, mais porter une croix autour du cou équivalait déjà, avant l'arrivée de Daech, à avoir une cible dans le dos – et je ne parle pas des rapts. Les otages pouvaient être tués même après le paiement de la rançon. Les messes se célébraient dans les caves. On espérait être à l'abri à la campagne, mais ils nous ont rattrapés. Les chrétiens et les gens comme toi n'ont pas leur place dans leur califat. Pour eux, nous devons nous soumettre ou disparaître. »

La nuit tombe lorsqu'ils arrivent à Dohouk. La famille de réfugiés les quitte devant la cour de l'évêché. Elle compte passer la nuit dans les jardins de la cathédrale, transformés en camp de déplacés.

Parvenu à Zakho, Walid reçoit un appel de son père : il est libre et en bonne santé. Les djihadistes l'ont remis en liberté peu de temps après qu'il a été séparé de sa mère, de ses deux sœurs, du bébé et de moi.

« J'ai d'abord cru qu'ils allaient me décapiter. Nous avons été regroupés sur un parking. On dirait qu'ils ne savaient que faire de nous. Ils ne voulaient pas s'embarrasser, alors ils nous ont laissés déguerpir », lui raconte-t-il.

Walid l'écoute sans l'interrompre.

« J'ai pu parler à ta mère : elle est avec Nesrine et la petite Rezan. Les trois sont libres ! En revanche, Jinan et Amina ne sont pas réapparues. Je suis très inquiet pour elles. Je suis désolé, mon fils. »

Walid encaisse en silence.

Khero a trouvé asile dans une ferme d'une vallée des monts Sinjar, chez un de ses cousins, berger. Il donne à Walid pour mission de réceptionner sa mère, Nesrine et Rezan dès qu'elles arriveront à Zakho et de veiller sur l'état de santé de sa mère. « Elle n'est pas bien. Elle a des maux de tête et des difficultés à bouger son bras. Un médecin l'a examinée : elle souffre d'un caillot au cerveau et risque un accident vasculaire cérébral. Il faudra la conduire à l'hôpital de Dohouk dès qu'elle arrivera. Tu iras voir le professeur Ayaz. Il a promis de lui faire passer des examens. »

Walid va devoir patienter avant de se lancer sur mes traces. De toute façon, le passage de Pesh Khabur qui permet de contourner les positions de Daech en faisant un crochet par la Syrie, est fermé. Les Kurdes ont déclaré le secteur « zone de guerre ».

La mère de Walid arrive avec Nesrine et Rezan le 9 août. Elle ne se remet pas de notre rapt, le mien et celui d'Amina. Inconsolable, elle n'a pas conscience de la gravité de ses problèmes de santé. Sans perdre de temps, Walid la conduit à l'hôpital où elle est opérée, puis la confie à sa tante.

Dès la réouverture de la route des monts Sinjar, il se précipite dans la brèche. Jewan, un ami, est de l'aventure. Il est comme lui à la recherche de sa femme, enlevée avec son garçon de quatre ans.

Le fleuve Tigre qui marquait à ce point-là la frontière entre l'Irak et la Syrie se franchit à bord d'une petite barge à fond plat, aux couleurs de l'administration kurde irakienne. Sur la rive syrienne flotte une bannière kurde jaune, rouge et verte. Ils empruntent, après le détour obligatoire par la Syrie, le « corridor de Sinjar » tracé par l'aviation américaine à coups de bombes de cinq cents kilos. Le chauffeur d'un camion de ravitaillement des combattants kurdes accepte de les laisser monter à bord. Une tempête de sable s'est levée. La poussière et la chaleur leur brûlent le visage. Ils progressent de poste de contrôle en barrage routier.

Les bombardements américains ont désintégré les fortins de l'État islamique, boutant les djihadistes hors du couloir par lequel s'engouffrent les réfugiés. Les ruines de la zone industrielle de Rabia, la ville frontalière où mon père venait dans ma tendre enfance cultiver les champs, fument encore. Le bazar est balayé, même l'hôpital a souffert. Les murs des bâtiments restés debout sont couverts de graffitis en arabe à la gloire du « calife de l'islam » Abou Bakr al-Baghdadi et de slogans : « On veut l'État islamique » ; « Tremblez apostats, nous sommes venus vous décapiter ».

« Vous venez à la montagne pour vous battre ? » leur demande le chauffeur du camion, un jeune homme aux traits sévères.

– On cherche nos femmes et on veut en découdre avec ces salauds, répond Jewan.

– Faites comme moi, rejoignez le YPG, les Unités de défense du peuple. Nous sommes des Kurdes de Syrie et de Turquie. Nous venons à la rescousse.

– Mais nous sommes yézidis...

– Nous sommes issus du même peuple et nous parlons la même langue ! Nous, les *haval* [les "camarades"], sommes rompus au combat contre les djihadistes. Nous les affrontons depuis un an dans notre province du Rojava [le Kurdistan syrien]. »

La route monte en lacets serrés. Il pleut toujours du sable. On dirait de la farine. Une pellicule blanche recouvre les pentes, la route. Le sable s'infiltre dans les chemises malgré les vitres fermées. Il tapisse les sièges, le tableau de bord et les sacs. La visibilité n'est que de quelques mètres. Faut-il virer à gauche ? À droite ? Ils roulent au pas. Leur camion croise des rescapés massés à l'arrière de pick-up, qui quittent le massif de Sinjar, blancs comme des statues.

« Ce sont des retardataires », dit le conducteur. Cela fait déjà une semaine que les premiers combattants kurdes syriens et turcs sont montés dans les monts Sinjar en contre-assaut.

Le trajet est dangereux. Les « camarades » surveillent le terrain, mais les incursions des djihadistes sont fréquentes.

L'homme les largue dans les premiers contreforts après avoir tenté en vain de les recruter.

Walid et Jewan empruntent une piste balisée qui zigzague au large des positions de l'État islamique. Sur le chemin, des dizaines de voitures ont été abandonnées dans la panique par les réfugiés. Au bout d'une vingtaine de kilomètres d'angoisse, ils entrent enfin dans une vallée où abondent les potagers, avec des hameaux et des moutons par milliers.

Khero les attend devant la bergerie. Il a à peine quarante ans et beaucoup le prennent pour le frère de Walid. Mon mari le retrouve très tendu. La faute aux rumeurs qui circulent sur le sort terrible réservé par Daech à ses captives.

Khero fait cercle, avec des anciens coiffés du turban, autour de Bassem, un jeune homme de vingt-quatre ans qui jongle avec son portable. Sa sœur Melas l'a appelé pour lui apprendre qu'elle était prisonnière avec son mari, son beau-père et ses deux enfants en bas âge. « Elle a découvert dans le tiroir d'un meuble de la maison où elle est enfermée un téléphone portable qu'elle a réussi à cacher et à activer. Je lui remets du crédit pour qu'elle puisse rappeler, annonce Bassem. D'après ma sœur, les femmes jeunes et belles ont été enlevées pour être vendues comme esclaves. Les plus âgées, les mères et les laides restent séquestrées, parfois avec le concours de leurs voisins qui collaborent avec les assassins, se désole-t-il.

– Ça, on le sait ! Ces ordures le paieront ! s'agace le père de Walid. Ce qui est intéressant, ce sont ces histoires de contact par téléphone.

– Je connais d'autres cas, commente un ancien. Une jeune femme a pu joindre sa mère depuis Tal Afar et un mécanicien yézidi de ma connaissance a pu parler à une cousine retenue dans un village arabe avec une vingtaine de femmes et d'enfants.

– Cela veut dire que nous avons une chance que nos enfants parviennent à nous joindre... »

Khero a entrepris un tour complet des tentes de réfugiés dans l'espoir d'obtenir des informations sur Amina.

De son côté, Walid décide d'aller en compagnie de Jewan à Bajarok, notre village. Les troupes de Daech viennent de le quitter sous la pression des bombes américaines. La voie est libre !

Il redescend le massif avec son ami Jewan. Ils longent des fermes vides. Ce décor si familier lui paraît irréel.

Le silence enveloppe Bajarok. Walid et Jewan ne sont pas rassurés. L'État islamique a l'habitude de miner le terrain. Il est passé maître dans l'art de poser des engins infernaux sous une planche ou un morceau de brique dans une rue ou un jardin. Les maisons du centre de la bourgade ont été rasées au bulldozer, les boutiques du souk mises à sac et brûlées. Les voitures qui ne pouvaient pas être volées ont été désossées. Les carcasses gisent sur le flanc.

Walid fait le mur pour entrer dans notre parcelle. Dans le jardin, la volière est béante. Les canaris se sont envolés, laissant au fond des cages de petits œufs blancs. Notre maison a été pillée. La télévision a disparu et la machine à laver le linge a été fracassée à coups de masse. Il trie, balaie et débarrasse les bris, le cœur lourd devant un tel désastre.

Walid et Jewan rejoignent la poignée d'employés de l'administration kurde qui surveillent, kalachnikov à l'épaule, le village inhabité. La réserve d'un magasin miraculeusement épargné les fournit en boîtes de conserve, bouteilles de whisky et boissons énergisantes. Ils se joignent aux gardes pour constater les dégâts, sécuriser les maisons et éviter les rapines. Aujourd'hui, Hassan, un membre du PDK, le parti du président Barzani, a enterré deux corps au bord d'un chemin, à l'extérieur du village. « Ça sentait la charogne. On s'est approché et on a vu dans le pré les cadavres. C'était Amer et Meriem, un couple de petits vieux. Tu vois qui c'est ? » demande-t-il.

– Je connais leurs petits-fils.

– J'imagine qu'ils ont refusé de se convertir. Ils ont pris des balles dans le dos. Ils avaient les yeux clos, la tête renversée en arrière. Je me demande qui est mort en premier. »

L'ambiance mortifère de Bajarok déprime Walid. Ce n'est pas en restant au village qu'il va me retrouver. Il a envie de franchir la ligne de front, d'entrer dans les territoires occupés par Daech, d'aller jusqu'à Mossoul et, s'il le faut, en Syrie.

« Tu délires ! Tu vas te faire arrêter avec deux options : la tête tranchée ou la prison. Je crains qu'ils ne retiennent pour toi la première solution, l'avertit Jewan.

– Et alors ?

– Alors ? Tu seras aussi mort que le vieux Amer et sa femme. Ne perds pas espoir. Pas maintenant. On ferait mieux de se battre avec les brigades yézidies. »

Ils rejoignent le Mazar Sharaf el-Din dès le lendemain en passant par les collines. C'est ici que reposent quelques-uns de nos saints les plus respectés. Le centre de pèlerinage est sous le feu des snipers de l'État islamique. La lutte est acharnée. Des dizaines de jeunes yézidis convergent vers le lieu sacré. Ils rejoignent les rangs de l'Unité de protection du Shingal, la milice yézidie qui soutient le siège face à Daech. Beaucoup d'entre eux sont comme Walid et Jewan, à la recherche de proches.

Ils sont accueillis dans la vaste salle de réception du Mazar Sharaf el-Din par Heydar, un des fils de Qasim Shesho, le chef de l'UPS.

« Savez-vous vous servir d'une fusil ? demande-t-il.

– Pas vraiment. Mon père m'a fait essayer sa kalach dans le *djebel* quand j'étais plus jeune. J'ai tiré une rafale comme tous les gamins de mon âge, mais je ne sais pas manier un fusil-mitrailleur.

– Tu apprendras. Tu es venu avec une arme ?

– J'ai récupéré une kalach et une paire de bottes dans la bergerie de mon oncle, et mon ami Jewan a son fusil.

– Parfait, les gars. On préfère engager des recrues qui viennent avec leur propre matériel. Nous allons t'enseigner les rudiments du tir, mais tu progresseras surtout en visant ces "animaux" de Daech. Passez à l'armurerie pour prendre des munitions. »

Le magasin d'armes est en fait une armoire en ferraille où sont remisées une douzaine de kalachnikovs et des caisses en bois remplies de munitions.

Un instructeur l'initie au maniement de l'AK-47. Il apprend à le démonter et le remonter.

Le voilà prêt à se battre avec une antiquité entre les mains et deux chargeurs de trente balles pour repousser les djihadistes.

« C'est tout ce qui nous reste, mon gars. Fais-en bon usage », lui glisse le formateur en lui donnant ses munitions.

Walid teste sa kalach sur des canettes de soda disposées à une cinquantaine de mètres de distance. Le résultat est peu probant. Il a droit à des séances quotidiennes d'entraînement.

La vie est rude au Mazar Sharaf el-Din. On y manque de tout. Walid est intégré à une section de dix hommes. Kheder leur confie des missions de ravitaillement et de surveillance.

Walid est en faction sur le tertre, une hauteur au-dessus du temple. Dissimulé derrière un muret, il observe à la jumelle, pendant ses tours de garde, les islamistes qui tiennent un carrefour, point de départ d'obus aux trajectoires aléatoires. Sous la puissance des pilonnages de la Coalition, l'étau s'est un brin desserré autour d'eux. L'État islamique est toujours posté au bout de la route en ligne droite, à environ un kilomètre de distance. Équipés de chars et de canons longs, les djihadistes lancent des assauts par vagues. Leurs adversaires résistent grâce à leurs tirs de mortiers et de kalachnikovs.

Les combattants de Daech sont contraints de progresser à découvert sur un terrain désertique. Ils procèdent parfois par attaques-suicides. Menée en Hummer blindés, l'une d'elles a failli réussir. Les compagnons de Walid ont tiré sur le véhicule sans pouvoir le détruire. Il a été stoppé au tout dernier moment, à l'entrée des lieux sacrés, par une roquette de RPG. Mais la charge la plus spectaculaire s'est déroulée après le départ de Walid. Un camion piégé conduit par un kamikaze de Daech a foncé sur le temple. Sa course a été arrêtée par un tir de missile. Le véhicule contenait 1,5 tonne de TNT. L'État islamique a filmé et mis en ligne l'opération. La vidéo est toujours disponible sur YouTube : on y voit un djihadiste se préparer, monter dans le véhicule avec sa ceinture d'explosifs et foncer sur l'objectif. On assiste à l'explosion et aux vivats des djihadistes, mais le film se garde bien de montrer l'essentiel : le sacrifié a raté sa cible. Il faut se méfier des images. La propagande ressemble rarement à la guerre telle qu'elle est !

Après cet attentat raté, Qasim Shesho, le chef suprême de l'UPS, cria au prodige : « C'est un miracle. Remercions l'Ange Paon », répétat-il de sa voix rauque, râpée par les cigarettes. Surnommé « Shesho le terro » par ses ennemis et « Qasim le sixième » par les Kurdes pour souligner l'importance de son clan, il est souvent entouré de sa garde militaro-familiale, composée de ses quatre fils aînés. Qasim Shesho est un redoutable seigneur de guerre, ainsi qu'un grand propriétaire terrien. Allié de Massoud Barzani, le président du Kurdistan irakien, il a vécu vingt-cinq ans en exil à Bielefeld, en Allemagne, après un soulèvement des Kurdes contre le régime de Saddam. Il a coutume de prétendre, sur le ton de la plaisanterie, que la moitié des terres yézidies situées à l'ouest des monts Sinjar lui appartient. Il est probable qu'il ne blague qu'à demi.

Qasim Shesho boite. Il s'est cassé la jambe pendant ses vacances dans une station balnéaire en Turquie. Rapatrié en Allemagne en juillet, il est rentré dare-dare au Kurdistan dès qu'il a compris ce qui se tramait. Le 3 août, le jour de l'offensive de Daech, il était là avec une vingtaine d'hommes pour défendre le Mazar Sharaf el-Din. Un mois plus tard, il en a réussi plus de cent cinquante et les effectifs ne cessent de grossir.

Walid dort sous une vaste tente collective. Sur la pente de la colline, ses compagnons ont écrit avec des pierres blanches « *HELP US* », « Aidez-nous », un message visible des avions de chasse et des satellites qui survolent la zone.

Armés de kalachnikovs, les pirs, nos religieux, gardent le temple. Ils laissent toutefois leur fusil dans le vestibule lorsqu'ils vont se recueillir à l'intérieur du sanctuaire.

Lors d'une course en montagne, mon mari parvient dans une vallée et entre dans un camp où vient de débarquer par surprise un groupe de jeunes filles qui se sont évadées des prisons de Daech. Des milliers de curieux sont massés devant leur tente pour célébrer leur délivrance. Walid se faufile jusqu'aux rescapées, ma photo à la main. Aucune ne m'a croisée ! Déçu, il s'attarde dans le camp de réfugiés, caisse de résonance des rumeurs les plus folles. Un père lui glisse qu'il est venu dans l'espoir de récupérer ses deux filles. Elles sont prisonnières des islamistes dans un village de la plaine. Il a payé 1 500 euros aux geôliers, qui l'ont contacté par téléphone pour lui proposer de les racheter. Une pratique de plus en plus fréquente. « Regarde en contrebas, le village au loin, c'est Bahaj. Daech y a installé une base militaire et un tribunal islamique. Des Arabes, mais aussi des Kurdes islamisés de la région se sont ralliés à eux. C'est là-bas que sont mes enfants », lui dit-il en pointant du doigt une tache noire dans le lointain.

Les combattants kurdes venus de Syrie et de Turquie, les « camarades » de l'YPG, ont établi leur quartier général dans l'ancienne citadelle, au sommet du massif. Walid s'y rend dans l'espoir de saluer le chauffeur kurde syrien qui les a transportés, Jewan et lui, du Rojava jusqu'ici, mais il n'y est pas. Il aurait été basculé sur un autre front. Il ne connaît pas sa véritable identité. En entrant dans la guérilla, les volontaires de l'YPG prennent un nom de guerre, comme les membres de l'État islamique. Contrairement à eux, les « camarades » ne croient pas en Dieu, s'inspirent du communisme et comptent beaucoup de femmes dans leurs rangs. L'autre groupe kurde, les peshmerga, sont leurs frères ennemis irakiens. Les deux fractions kurdes font bande à part. Les peshmerga sont installés, à l'écart, dans le local technique d'un pylône de haute tension.

Le soir, dans la fraîcheur des hauteurs, la discussion tourne autour de la tragédie du mois d'août. Nayef, un habitant de Kocho, raconte : « Quinze jours après leur entrée dans notre village, les membres de Daech ont rassemblé les hommes et les garçons dans une école et les ont embarqués dans des pick-up pour les amener à l'extérieur du village », dit-il, sans doute pour la centième fois, mais toujours avec le même besoin de témoigner. D'après un rescapé, ils ont été obligés de s'accroupir, serrés les uns contre les autres. Ils ont ouvert le feu sur eux par-derrière. Les femmes ont été emmenées vers la ville de Sinjar. Je ne sais pas où exactement. »

Si elles sont passées par Sinjar, elles n'y sont pas restées, car la ville est désormais sur la ligne de front. Les combattants piétinent à ses portes. Dans les ruelles de la vieille ville, une cinquantaine de mètres séparent les combattants des deux camps. La nuit, les belligérants s'écoutent mutuellement sur des *talkies-walkies* branchés sur la fréquence de l'ennemi. Les conversations de Daech sont codées. « *Vendeur* » se traduit par « *avion de chasse* » et l'annonce du départ d'un combattant pour « *une visite à sa famille* » signifie qu'il est mort. Bien entendu, les membres de l'État islamique se savent écoutés. Ils en profitent pour délivrer des sermons : « Vous voulez nous tuer ? » interroge un religieux. Alors, sachez que nous sommes là pour rencontrer la mort. Elle ne nous fait pas peur. Elle est la bienvenue, *inch'Allah*. »

Ce n'est pas dans ce coin que Walid va me trouver. C'est aussi l'avis de son père, qui lui demande de retourner du côté de Dohouk, au Kurdistan irakien, pour veiller sur sa mère. Walid n'a d'autre choix que d'attendre en jalousant, sans l'avouer, ceux qui ont vu leur femme échapper à l'État islamique. Elles sont, en cette fin du mois de septembre, une centaine à avoir réussi leur évasion. Un nombre restreint qui compte, pour son plus grand bonheur, sa sœur Amina.

Elle s'est échappée par un trou dans la clôture en grillage de sa prison, une usine à gaz de la région de Deir ez-Zor en Syrie. Elle s'est enfuie par une nuit sans lune avec trois captives. Les jeunes filles ont frappé à la porte d'une habitation isolée. Son occupant a longuement hésité avant de leur accorder l'asile. Il était terrorisé. Employé dans la centrale d'hydrocarbures, il craignait, non sans raison, d'être tué par Daech s'il devait être découvert les cachant. Pris de pitié, il les a fait entrer chez lui. Elles ont pu faire alerter les autorités kurdes irakiennes. L'homme a agi autant par humanité que par intérêt : il a touché une forte récompense en dollars, âprement négociée.

Une opération d'exfiltration a été organisée depuis Erbil par le docteur Noori Abdulrahman, un responsable du gouvernement kurde irakien. Un intermédiaire, que nous appellerons Abou Hadji pour ne pas le mettre en danger, s'est chargé des tractations. C'est un homme de bien. Il a complété de sa poche le tribut payé pour la libération d'Amina. Khero n'a pu réunir que 3 000 dollars, empruntés à des proches. Un passeur a convoyé les gamines jusqu'au check-point le plus avancé séparant Daech et l'YPG, les unités kurdes syriennes. Il les a dissimulées à l'arrière d'un camion chargé de paille, muni d'une permission officielle de l'État islamique. Le véhicule a traversé sans encombre les barrages.

La sœur de Walid ne parle pas de sa captivité. Elle a survécu à deux bombardements meurtriers de la Coalition. Elle faisait partie d'un groupe de huit filles, esclaves de trois cents djihadistes, dont beaucoup d'étrangers, égyptiens et asiatiques. Elle a été tabassée et convertie de force à l'islam. En juin, Amina et sa mère ont quitté la région pour s'installer en Allemagne.

Chapitre 9
JE VEUX QUE LE MONDE SACHE

Walid, le bienveillant — Sous la protection de la police kurde — « Change la fin du cauchemar » — Chez le Baba Cheik, notre « pape » — Réfugiée parmi les réfugiés.

Les visiteurs se pressent pour me saluer devant la tente de mon oncle dans le gigantesque camp de déplacés de Deraboun, à la frontière entre l'Irak, la Turquie et la Syrie. Deux cents proches et quelques curieux célèbrent ma délivrance. L'assistance se fend pour laisser passer Walid. Retardé par une panne de voiture, il arrive sous les vivats. Nous nous retirons sous la bâche de toile pour nous étreindre durant de longues minutes. Il me parle à voix basse. J'avais imaginé nos retrouvailles, mais je les imaginais plus discrètes. Je ne mesurais pas non plus combien elles seraient intenses. Je m'effondre dans ses bras, épuisée par le stress, la fatigue et l'émotion.

Je vais être hébergée chez un oncle de Walid, qui l'accueille déjà avec sa famille dans un village yézidi de la région de Dohouk. J'ai fait mes adieux à mes camarades d'enfermement. Nous nous dispersons sans savoir si nous nous reverrons. Le destin nous emporte. Nous en avions discuté à voix basse dans le dortoir. Nos rêves nous aidaient à tenir le coup. J'étais la seule du groupe à être mariée. Je rentre chez mon époux tandis que mes amies réintègrent leur famille. Naline va se reposer chez ses parents à Erbil. Elle pourrait rejoindre son frère en Allemagne. Djamila espère reprendre ses études, mais pas à Mossoul où les disciplines jugées non islamiques ont été rayées de la carte universitaire par Daech. Bouchra, Hevy et Evara se dispersent dans les camps du Kurdistan bondés de réfugiés yézidis, chrétiens ou sabéens, ces disciples de Jean-Baptiste pour qui Jésus et Mahomet sont des imposteurs.

Nous appréhendons les réactions de notre entourage. Après avoir affronté la cruauté de Daech, nous risquons d'être confrontées à l'opprobre général. Il n'est pas bon d'être une femme victime de rapt et de viol dans nos sociétés orientales. Le code d'honneur des yézidis nous condamne au déni, à la honte, au bannissement et parfois à l'élimination physique pure et simple. Chez nous, le viol est un sujet tabou. La conversion religieuse est interdite par nos coutumes. Nous naissons yézidis et nous le restons. Un changement de croyance condamne à l'exclusion définitive de la communauté. Je n'ai pas été violée et ma conversion était factice, mais je redoute le pire.

Quelques jours après notre retentissant retour, nous avons des nouvelles de Bouchra. Elle contacte Walid pour lui proposer de m'accompagner à Dohouk afin de m'enregistrer, comme nos camarades de détention, auprès du Centre contre le génocide, la commission d'investigation sur les crimes commis contre les yézidis. « On y va avec nos parents », me précise-t-elle.

Spécialement créé par le gouvernement du Kurdistan irakien pour nous soutenir, l'organisme est basé à Dohouk, l'épicentre du reflux des yézidis vers l'arrière-pays kurde. Nous sommes, en cette fin octobre, déjà plus d'une centaine de femmes à être parvenues à fausser compagnie aux djihadistes et de nouvelles rescapées réussissent presque tous les jours à rallier la terre promise kurde. Je décline toutefois l'invitation de la commission.

Pour l'instant, seul Walid m'importe. Mon époux est un amour de tendresse et de compréhension. J'ai entrepris de me confier à lui. Patient, il m'écoute sans me juger. Je ne lui cache rien, il doit tout savoir. Attentif et bienveillant, il me réconforte et me console. Je lui raconte la prison de Badush, les maisons de vente des esclaves, Amina, la violence des tortionnaires, les viols d'Hevy et d'Evara, la malédiction de Suzane, déportée sexuelle à Raqqa en Syrie, les caprices de l'émir

Abou Moussa, notre bourreau. Je ne lui épargne aucun détail.

« Ce ne sont pas des hommes mais des animaux. Comment peuvent-ils agir aussi mal ? Ils ont pourtant une mère et des sœurs. Je ne comprends pas », se désole-t-il, le regard noir de colère.

La nuit, il me serre contre sa poitrine durant mes interminables insomnies. Le sommeil m'a abandonnée. Dès que je ferme les yeux, je vois les monstres de Daech. Je dépéris à petit feu.

Un deuxième appel téléphonique de Bouchra me sort de ma torpeur. Le bureau de la commission insiste pour me rencontrer rapidement.

La commission est installée dans un bâtiment situé en face de l'hôpital pour femmes de Dohouk. Un dédale conduit en sous-sol à une petite pièce remplie de personnes venues partager le thé. L'inspecteur Khalil signifie d'un hochement de tête aux visiteurs leur congé. Il tient à me voir en tête à tête. Un fanion aux couleurs du gouvernement kurde et un portrait de Moustapha Barzani, le leader kurde, père du président Massoud Barzani, trônent sur une étagère derrière sa table de travail. Le visage fin, il est rasé de près, mais conserve une moustache de trois jours. Âgé d'une trentaine d'années, l'inspecteur a déjà quelques cheveux gris. Il éteint la télé branchée sur une chaîne d'information en continu et s'allume une cigarette, une Winston légère.

« Je suis là pour recueillir ton témoignage. Ce que tu vas me confier est confidentiel. Tu es protégée par l'anonymat. J'ai l'obligation de respecter un secret absolu : je ne répéterai aucun de tes propos. Pas même à tes parents ou à ton mari. Tu as ma parole. »

L'inspecteur Khalil se présente à moi. Il était officier de police, rattaché au bureau contre les violences faites aux femmes. « Je m'occupais d'affaires de femmes battues par leur mari, de mariages forcés ou de fillettes interdites d'école par leurs parents », énumère-t-il en faisant craquer ses doigts.

Je me dis en mon for intérieur que j'aurais pu faire sa connaissance plus tôt, si mes difficultés de mariage ne s'étaient pas réglées en famille. L'offensive de Daech l'a contraint à se replier sur Dohouk.

« Je suis yézidi comme toi. Tu peux me faire confiance, je vais te protéger. J'interviens non pas en tant que yézidi, mais parce que je suis un être humain qui agirait de la même manière n'importe où dans le monde. »

Il plisse ses yeux, triture la pierre précieuse de sa bague et me tend un bout de papier :

« Prends ce numéro de portable. Tu peux me joindre à n'importe quelle heure du jour ou de la nuit. J'interviendrai si tu es menacée, si des gens te tourmentent parce que tu as été prisonnière de Daech ou si des journalistes viennent t'importuner.

N'hésite pas. Nous sommes là pour te défendre : tu es en sécurité maintenant. »

L'inspecteur me pose une série de questions. Intimidée, je réponds en baissant la tête. Je ne suis pas bavarde, un réflexe de prisonnière. Non, je ne connais pas l'identité des terroristes, juste leurs surnoms.

Je relate mes transferts d'un centre de détention à l'autre, la vente des captives, l'enfermement, la torture et les violences. Il enregistre la déposition sur son ordinateur. « Ton dossier va être instruit par un juge qui te recevra. Ton témoignage est important pour établir les preuves de leurs crimes et de leur tentative de génocide, m'explique-t-il en me remerciant. Surtout, appelle-nous si tu as un souci et n'oublie pas : tu es une victime. »

La commission a prévu de me fournir une assistance psychologique et médicale. Je commence par l'hôpital, où on ne nous appelle pas les « ex-prisonnières », mais les « déplacées », pour éviter la stigmatisation.

Je fais la connaissance du docteur Naram, une femme yézidie formidable qui a fait ses études de médecine à Mossoul. Elle me met à l'aise : « Tu as franchi un cap essentiel en venant me voir. Beaucoup de filles refusent d'être prises en charge par peur d'être montrées du doigt, alors qu'elles ont besoin de soins. Elles ont perdu des proches, morts ou portés disparus, et sont, malgré leur libération, prisonnières de leur malheur. Toi, tu es différente ! Je t'encourage à poursuivre dans cette voie. »

Je subis ensuite des examens complets. Je ne suis pas remise de mon infection rénale du mois d'août. Le médecin a diagnostiqué des complications provoquées par la consommation d'eau non potable. La mixture à la souris morte ingurgitée de force pendant les séances de supplice a laissé des traces ! Je souffre aussi d'une maladie aux intestins liée à mon alimentation.

Je rends régulièrement visite au docteur Naram durant une quinzaine de jours. Mon père m'accompagne à son cabinet de consultation, à Cheikhan, une bourgade où se côtoient les clochers des églises, les minarets des mosquées et les dômes cannelés de nos temples. Le docteur Naram est une femme généreuse. Appelée par Walid à une heure du matin durant une de mes crises, elle parcourt quarante kilomètres pour se pencher à mon chevet et me conduire, par précaution, à l'hôpital de Dohouk.

Pleine de tact, elle me paie les médicaments prescrits. Le docteur a conscience de nos difficultés financières. Daech a volé nos économies et occupe nos villages, les hommes ont perdu leur emploi. Les services sociaux de la commission m'ont accordé une aide de 100 000 dinars, soit 75 euros, mais elle ne suffit pas à payer les traitements.

Par des relations, j'ai pris contact avec un « psy », le docteur Sana, une Kurde. Je passe un après-midi entier dans son cabinet.

« Formule ce que tu as vécu. Tu dois t'exprimer pour te débarrasser de tes angoisses », me recommande-t-elle.

Je débute mon récit. Elle m'encourage à parler et à pleurer si j'ai envie de pleurer. J'ai tout révélé à Walid, mais cela fait du bien de se livrer à une inconnue. Je lui confie mes tourments. Je ne parviens pas à comprendre pourquoi un tel désastre s'est abattu sur moi. Je me sens punie, mais j'ignore la raison de mon châtiment. Suis-je responsable de mon malheur ? Je n'ai pas le souvenir d'avoir cherché à nuire à autrui. Pourquoi alors suis-je devenue l'esclave de ces individus ?

La psy m'a apaisée. Mon sentiment de culpabilité est, selon elle, une réaction « normale ». Elle me fixe un nouveau rendez-vous dans le salon d'un hôtel avec un de ses collègues et Walid pour des entretiens parallèles. Le second psy suggère à mon mari d'être attentif et attentionné, mais de ne pas remuer en permanence le passé. Il nous dissuade de regarder la télévision. « Faites l'impasse sur les infos concernant Daech ou le drame des yézidis et de manière générale sur les scènes de violence. Les films d'horreur sont, cela va de soi, à bannir. Vous devez l'aider à effacer ce qui s'est passé pendant ses onze semaines de séquestration. »

Walid capte le message. Nous déjeunons à quatre, puis les interviews individuelles reprennent dans deux chambres séparées. La psy m'interroge sur « ce qui me dérange le plus ». J'évoque mes cauchemars.

« Je ne dors plus parce que les gens de Daech envahissent mes rêves.

– Chasse-les, et tu iras mieux. Tu as réussi à te débarrasser d'eux dans la réalité, pourquoi ne parviendrais-tu pas à les chasser de ta tête ?

– J'aimerais bien, mais comment ?

– Si tu ne peux pas éviter le cauchemar, tu peux le changer. Tu peux modifier la fin de ton mauvais rêve comme tu as changé ton destin en t'évadant...

– Dans mon rêve, je cours avec les cinq filles dans l'oued, mais Abou Anas et Abou Omar nous rattrapent. Ils brandissent des sabres. Je me réveille terrorisée, en nage, une lame dans le ventre.

– Dans ton prochain cauchemar, des combattants yézidis surgissent et vous sauvent. Tu n'es pas touchée. Tu veux bien ?

– Oui, mais c'est plus facile à dire qu'à faire. Je vais essayer. »

Ce jour-là, le docteur Sana nous donne 50 000 dinars pour rentrer au village en taxi. Je mets en pratique les conseils de la psy dès la nuit suivante. La technique n'est pas infaillible. J'apprends peu à peu à modifier le cours de mes rêves. Je me dirige vers ma « renaissance », comme dit le docteur Sana. La Jinan du passé doit s'effacer pour céder la place à une nouvelle Jinan. Mais que le troc est pénible.

La tragédie des femmes enlevées a chamboulé notre communauté. Frappée de plein fouet par les massacres, elle n'est pas, fort heureusement, tombée dans le piège du rejet. L'appel à la miséricorde lancé par Baba Cheikh, le guide spirituel des yézidis, a été d'un grand secours. « Vous êtes toutes nos enfants, vous êtes toutes des victimes », a-t-il martelé. Face aux persécutions, ses prédécesseurs avaient été impitoyables. Aucun d'eux n'avait considéré les rescapés des massacres commis par les Ottomans – femmes violées ou membres de la communauté contraints à abjurer – comme des victimes. Ils étaient exclus de la société au nom de l'honneur et de notre religion.

Notre souffrance est prise en compte. Je suis conviée par Baba Cheikh à me rendre à Lalesh, le lieu saint yézidi. L'invitation est transmise par Baba Jawesh, le gardien des temples, qui m'appelle personnellement. Très respecté, ce grand prêtre est d'une extrême gentillesse au téléphone. La conversation me soulage. La religion a toujours accompagné ma vie. Des petites suppliques jalonnent souvent mes journées. Je conjure le sort avant chaque déplacement en voiture. Je sollicite les Anges pour un malade. S'il guérit, nous remercions Dieu en offrant un mouton à une famille démunie.

Dans la maison de mes parents comme dans celle des parents de Walid, une pièce est dédiée au recueillement. Chez nous, l'autel est disposé dans un coin discret et sombre devant un tapis mural. Le coffre en bois est couvert d'un tissu rouge qu'il est convenu de toucher avant de quitter les lieux. Lors des pillages, la destruction des chambres de prière obsédait les djihadistes.

La flamme d'une torchère marque l'entrée de la luxuriante vallée qui mène à Lalesh, notre Jérusalem. Des familles de déplacés yézidis ont planté leurs tentes au bord de la route surveillée par des peshmerga tatillons. Le sanctuaire se niche au bout d'un chemin étroit planté de figuiers, de grenadiers et de mûriers. Ses dômes blancs se détachent sur les sommets enneigés du pays kurde. Nous nous déchaussons sur le parking pour être en contact avec la terre de notre site sacré. « Vous êtes ici dans le centre de la spiritualité, mais aussi de la consolation. Lalesh a été un lieu de refuge contre les invasions et les persécutions. Le temple a été détruit plusieurs fois sous l'Empire ottoman. Nous l'avons toujours reconstruit », explique Baba Jawesh en nous recevant.

Le plus haut dignitaire de notre village sacré ressemble à un personnage sorti d'un univers de légendes. Colosse à la barbe fleurie, il est le gardien de l'entrée du temple. Nul ne peut marcher sur le seuil, un espace sacré et intouchable que le visiteur doit enjamber. Jovial, Baba Jawesh sourit à ceux qui négligent par étourderie la coutume. « Ce n'est pas grave », lance-t-il à un pèlerin surpris en flagrant délit, le pied sur le pavé.

Je découvre avec curiosité le temple qu'un yézidi se doit de visiter au moins une fois dans sa vie. Deux paons gravés dans la pierre veillent au-dessus du portail. À droite se dresse la sculpture d'un serpent noir long de deux mètres. « Vous savez que, quand Noé fracassa son arche contre un rocher, c'est un reptile qui boucha la voie d'eau et sauva ses occupants. C'est aussi le symbole de la connaissance et de la sagesse, rappelle notre guide. Et je n'ai pas à vous présenter Tawsi Melek, l'Ange Paon : il s'est posé sur Lalesh et a couvert la Terre de ses couleurs pour en faire la plus belle planète de l'Univers. Nous ne le voyons pas, mais l'Ange Paon revient chaque année avec les six autres grands Anges pour les fêtes sacrées d'automne », poursuit-il.

Après avoir franchi le seuil sans faux pas, je contemple un bassin aux eaux sombres, le lac de l'Ange de la mort, dans lequel sont jugées les âmes des défunts par un tribunal composé de Sages. Une galerie mène au cœur du sanctuaire, où reposent dans des tombeaux voilés de soie aux couleurs de l'arc-en-ciel les incarnations terrestres des sept Anges. Une douce fraîcheur règne sous les voûtes. Des oiseaux bariolés chantent sous les arcades tandis que des visiteurs nouent des tissus pour faire leurs vœux. Le mien est personnel. Il concerne ma

« renaissance ». Je le garde secret tant qu'il n'est pas exaucé.

Nous gagnons la chambre sacro-sainte du tombeau de Cheikh Adi, un sarcophage garni de draps à franges. « Cheikh Adi s'est établi dans cette vallée avec ses disciples voici bientôt mille ans pour y fonder notre ordre et faire des miracles. Notre grand réformateur est l'avatar de l'Ange Paon, reprend notre accompagnateur sur un ton solennel. Veuillez tourner derrière moi trois fois autour de sa sépulture. » Après la ronde, je noue un foulard. Walid glisse un billet dans une urne. Je demande dans mon vœu à Cheikh Adi la libération de toutes les femmes prisonnières de Daech. Mon souhait le plus cher.

Au fond du temple, une salle recèle des jarres d'huile. Une lampe dont la flamme ne s'éteint jamais dégage une légère fumée. De là, un escalier mène à une vasque alimentée par une source qui jaillit d'une roche. Les pèlerins s'y aspergent d'eau sacrée. « Ce ruisseau où l'on pratique les baptêmes est appelé Zamam, le même nom que la source miraculeuse de La Mecque », commente le guide.

De retour à l'air libre, nous nous mêlons aux pèlerins. Walid me montre « *Mala faḳira* », la maison des fakirs, des ascètes qui vivent de l'aumône. Pauvres parmi les pauvres, ils sont parfois moqués par les mauvais esprits. Avant le coucher du soleil, ils déposent des lampes à huile d'olive allumées devant les bâtiments. Symboles de l'astre solaire, les feux sacrés brûlent jusqu'au lever du jour.

Des pique-niques s'improvisent à l'ombre des chênes en cette belle journée du début de l'hiver. Des tréteaux se garnissent de plats de viande de mouton, de riz, de tomates, de concombres et de fromages pour des repas pris debout. Les membres du clergé, coiffés de turbans, vêtus de tuniques et de pantalons blancs serrés aux chevilles, se promènent dans les allées. Des jeunes filles pomponnées en robes fleuries bavardent, les cheveux au vent, dans les jardins en terrasse. Gominés, les garçons roulent des mécaniques. L'ambiance est joyeuse. À Lalesh, aux antipodes du monde sinistre des partisans de Daech, nous nous offrons une parenthèse enchantée.

Quelques mois plus tard, j'ai une entrevue avec Baba Cheikh en personne. Le rendez-vous est arrangé par Thierry, le journaliste auteur d'un reportage sur moi dans un journal français. Nous appréhendons de rencontrer un homme aussi vénéré. Je n'en mène pas large. Dans la voiture, Walid transpire : il a enfilé, sans y prendre garde, son jean bleu, une couleur honnie des religieux. L'origine de ce tabou m'échappe. Le bleu serait maudit, car il représenterait la lumière des ténèbres.

Nous nous présentons devant son domicile de Sheikhan, une maison de ville banale. Les paons qui décorent les battants du portail du garage sont les uniques symboles religieux visibles de la rue. Nous patientons dans la cour de réception. Personne n'a rien dit sur le pantalon de Walid. Nous pénétrons enfin dans un salon tout en longueur. Un interminable divan fait le tour de la pièce. L'air est brassé par d'antiques ventilateurs. Les tableaux et les photos en noir et blanc accrochés aux murs racontent, sur plusieurs générations, la saga du clan des *baba cheikh*. En bonne place dans la galerie de portraits, un cliché détonne : il montre des victimes du massacre à l'arme chimique perpétré par Saddam contre les Kurdes du village de Halabja en 1988.

Âgé de plus de quatre-vingts ans, le « pape » des yézidis est un vieillard impressionnant à la barbe blanche bien fournie. Il porte une longue tunique blanche à fines rayures, une calotte sur la tête, une ceinture noire en tissu autour du ventre et, aux pieds, des babouches à boucle blanche. Ses épais sourcils ont la taille d'une moustache. Ses doigts triturent un chapelet.

Je lui baise la main droite en faisant la révérence. Il me demande mon nom, ainsi que celui de mon village.

« Tu as été libérée, ma fille ?

– Non, je me suis évadée.

– Je suis heureux de ton retour parmi les tiens. Tu es une victime comme toutes les femmes yézidies disparues. Vous êtes toutes les bienvenues. Je vais prier pour toi, Jinan. »

Comme à son habitude, Thierry n'arrête pas de poser des questions. Souvent les mêmes, répétées de façon différente jusqu'à ce qu'il obtienne une réponse. Je reste silencieuse. Baba Cheikh ne déparerait pas dans des gravures datant de l'époque des sultans. Il semble surgir des temps anciens. Il évoque le martyre des villages brûlés par les Ottomans, comme si les faits remontaient à la dernière attaque de Daech. Je crois qu'il est à la fois un homme du passé et du présent. Je le vois comme un médium. Assis à ses côtés, Hadi Baba Cheikh, son directeur de cabinet, tend une photocopie de la fameuse missive qui a changé le cours de nos existences.

« J'ai écrit une lettre ouverte à tous les yézidis pour que notre communauté respecte chacune de nos filles, quelles que soient les épreuves qu'elles ont endurées, dit Baba Cheikh. Nous voulons les retrouver, qu'elles soient vivantes ou mortes. Nous avons le devoir de donner à nos disparues une sépulture dans nos cimetières. »

Sa bonté me touche. Seule femme admise dans un cercle d'une vingtaine d'hommes, je bois ses paroles en dégustant un thé sucré.

« Notre religion remonte à plusieurs siècles avant la naissance de Jésus-Christ. Les Kurdes étaient des zoroastriens ou des yézidis, avant d'être convertis, souvent de force, à l'islam. Nous avons connu soixante-douze génocides, dont beaucoup sous les Turcs », explique-t-il au journaliste.

D'après lui, tous les musulmans dans le monde ne sont pas nos ennemis.

« J'ai demandé au président Obama à la Maison-Blanche, au Parlement américain et au ministre français Laurent Fabius de défendre nos droits. Nous réclamons une protection internationale. Si nous ne sommes pas protégés par des étrangers, nous, les Orientaux parmi les Orientaux, nous allons cesser d'exister. Nous ne sommes contre personne, nous recherchons la paix. Nous demandons de pouvoir vivre dans la tranquillité. »

Il ôte ses lunettes cerclées d'or et poursuit :

« La tentative de génocide perpétrée contre nous par les "daechistes" est une réalité pour les Nations unies, c'est-à-dire la communauté internationale, mais pas pour notre propre pays, l'Irak. Ce nouvel Irak d'après Saddam n'a toujours pas reconnu le génocide de Halabja commis par l'ancien tyran contre les Kurdes. Si de tels oublis ne sont pas réparés, il n'y aura pas d'avenir pour les yézidis dans la région. »

Ces discours politiques me dépassent, mais je garde un souvenir inoubliable de l'audience. À peine sortie de la résidence du saint homme, je me précipite, radieuse, sur mon portable pour raconter l'entrevue.

« C'est la première fois dans l'histoire des yézidis que les victimes ne sont pas bannies », s'enthousiasme Walid, soulagé de ne pas s'être attiré les foudres divines avec son pantalon bleu. Nous déjeunons sur le chemin du retour, au bord de l'autoroute, dans un restaurant chic dont la salle a la taille d'un terrain de football, parcourue par une armée de serveurs en uniforme. Après une promenade dans les magasins du centre de Dohouk, je regagne notre camp de réfugiés.

La réalité est rude. Nous avons dû quitter la maison de la tante de Walid, trop exiguë pour un séjour de longue durée. Nous habitons dans l'une des trois mille tentes aux normes des Nations unies posées sur un terrain caillouteux, au bas de collines arides. Nous avons pour voisins la famille de Walid. Je ne me plains pas. D'abord, ce n'est pas mon genre et ensuite nous avons droit, dans notre malheur, à un petit régime de faveur. La tente est suffisamment vaste pour recevoir des hôtes et exercer l'hospitalité. Nous disposons d'un chauffage individuel et, à l'extérieur, d'une douche ainsi que d'un coin pour cuisiner. Le vent glacial m'oblige à me couvrir chaudement. Dès qu'il pleut, le terrain se transforme en bourbier. Je suis souvent malade et contrainte de garder le lit. Mon état de santé ne présente aucune amélioration.

Lors d'une réunion de soutien aux ex-prisonnières de Daech organisée par une organisation caritative égyptienne, j'ai croisé Bouchra. Elle vit avec ses parents dans un camp de la région. Un nombre incalculable d'organisations internationales m'ont contactée, mais je n'ai pas vu venir les aides. Des gens d'ici et du monde entier nous posent des questions puis disparaissent. Nombreux les premières semaines, les journalistes commencent à se lasser. Enfin, pas tous. Saïd, le collaborateur de Thierry, vient me voir tous les jours, quelle que soit la météo. Au début, je répondais à ses questions par oui, par non ou par un silence. Peu à peu, je lui ai fait confiance. Saïd est un Kurde de Damas qui a fui le régime de Bachar el-Assad. Nous parlons le kurmandji, un dialecte kurde, mais il connaît aussi l'arabe, l'anglais, le français et le sorani, le kurde parlé en Iran. Il m'apporte des petits cadeaux. Je le soupçonne de lire dans mes pensées pour découvrir ce dont j'ai besoin.

Nous sommes à une quarantaine de kilomètres du front, assez loin pour être à l'abri, assez près pour ne pas oublier.

Désœuvrés, les hommes jouent au tavla ; les jeunes au billard et au baby-foot. Le camp dispose de garderies pour les petits et de boutiques aux toits de tôle ondulée. Je m'évertue à garder notre abri propre. La préparation des repas familiaux trompe mon ennui. Ce matin, je malaxe des boulettes de farine et de fèves dans une grande bassine en zinc. Nous manquons d'argent. Nous n'avons pas de quoi nous offrir une télé, mais nous disposons d'un ordinateur pour regarder des films et des vidéos. Dans les allées du camp, la tristesse règne. Les incertitudes sur l'avenir maintiennent les résidents dans un état d'angoisse chronique. Ils ont peur de manquer d'eau, de nourriture ou d'électricité. Des couples se marient, des enfants naissent, des vieux meurent. Cela ressemble à la vie, mais cela n'est pas la vie. J'aime nos villages et ma région, mais je ne me vois pas revenir chez moi. La menace de Daech est si proche. Je crains qu'ils ne reviennent pour poursuivre leur sinistre besogne. Qui va nous protéger demain ? Nous n'avons aucune assurance de la part de Bagdad ou de la communauté internationale. Les Kurdes et les yézidis ont besoin d'être soutenus.

Chaque jour, des interrogations me taraudent. Que deviennent les filles libérées qui se trouvent enceintes après avoir été violées ? Osent-elles avouer leur état ? Combien sont-elles, isolées et enfermées dans leurs tourments ? Nous en avons discuté avec Walid. Nous imaginons, sans en avoir de preuves, qu'elles ont avorté en secret.

Dans les camps, la routine est brisée par les visites de personnalités : des hommes politiques, des diplomates, des artistes. Ils font un petit tour, puis ils s'en vont. Si un concours de popularité devait être organisé, la députée Vian Dakhil l'emporterait haut la main. Elle surpasserait même l'actrice américaine Angelina Jolie, qui est si attentive à notre sort. Vian Dakhil est notre égérie. J'ai vu sur notre ordinateur portable le discours qu'elle a prononcé au Parlement irakien en août pendant que nous étions enfermées dans la prison de Badush. Ses propos ont fait autant pour notre cause que l'intervention du Baba Cheikh. Elle a lancé un cri de désespoir à l'Assemblée, repris en boucle par les chaînes d'information du monde entier. Je tremble d'émotion chaque fois que je repasse les images.

La voix brisée, elle s'est emparée du micro avec, autour d'elle, une poignée de femmes parlementaires. Ses paroles sont gravées dans ma mémoire :

« Au nom de Dieu, le compatissant, je me tiens debout parmi vous pour rapporter au peuple irakien l'amère réalité de l'exode des yézidis sur les monts Sinjar. Sous l'étendard de « *la ilaha illallah* [il n'y a de Dieu qu'Allah], cinq cents hommes ont été massacrés jusqu'à présent. »

Le président de l'Assemblée paraît médusé :

« Madame la députée s'il vous plaît, tenez-vous-en à la lecture du communiqué prévu.

– Monsieur le président du Conseil, nos femmes sont capturées et vendues sur le marché aux esclaves. Je vous en conjure, mes frères. Une campagne génocidaire est en place contre les yézidis.

– Madame la députée…

– Je vous en supplie, monsieur le speaker, mon peuple est en train d'être massacré comme tous les autres Irakiens ont été massacrés : chiites, sunnites, turkmènes, chrétiens, shabaks. Frères, au-delà des désaccords politiques, nous voulons la solidarité humaine. Je vous en supplie, faites taire vos différences pour sauver les yézidis ! Je parle au nom de notre commune humanité. Sauvez-nous ! Sauvez-nous ! »

Les quelques femmes députées font bloc autour d'elle, les hommes se sont levés.

« Depuis quarante-huit heures, 30 000 familles sont assiégées sur les monts Sinjar. Sans nourriture, sans eau. Elles sont en train de mourir. Soixante-dix enfants sont déjà morts de soif et de suffocation. Cinquante personnes âgées ont péri dans ces conditions qui empirent. Nos femmes sont faites prisonnières et vendues sur le marché aux esclaves. Nous en appelons au Parlement pour qu'il intervienne immédiatement. Les yézidis ont vécu soixante-douze génocides et c'est en train de recommencer au XXIe siècle.

« L'État islamique nous massacre. On nous réduit à néant. Toute une religion risque d'être rayée de la surface de la terre. Frères, je fais appel à vous au nom de notre humanité. Sauvez-nous ! »

Vian Dakhil s'est effondrée, soutenue par ses collègues. Après l'épisode du bombardement de la prison de Badush, elle a continué à se battre pour nous. Elle a été gravement blessée le 12 août dans un accident d'hélicoptère. Elle portait secours aux réfugiés assiégés par Daech sur les pentes des monts Sinjar. Son appareil, un MI 17 des peshmerga, semblable à celui que j'ai pris, effectuait la navette entre Pesh Khabur et le sommet de la montagne. Il s'est écrasé, rempli de réfugiés au redécollage. Il était en surcharge. Le pilote est mort sur le coup. Vian Dakhil a eu une jambe fracturée et des côtes cassées. Elle n'a jamais cessé d'être à nos côtés. À Erbil, sa maison est ouverte aux rescapées, les jeunes filles enceintes de violeurs, qui ont pu avorter.

Le poète Dakhil Osman a, lui aussi, été reçu en héros dans notre camp. La ferveur était telle lors de son passage qu'il s'est évanoui et a dû être évacué en ambulance. Dakhil Osman a promis de ne plus se raser tant que les prisonnières de Daech ne seront pas libres. Il a aussi arrêté de se produire en public. Il ne s'imagine pas chanter dans un mariage, lui qui a animé les noces de générations de jeunes yézidies aujourd'hui asservies par les djihadistes. Je l'ai entendu chanter dans une émission de télévision : « Je ne changerai pas ma religion, je resterai yézidi, je le jure. » Il a reçu des menaces de mort.

Je suis encore étonnée par les ressources que j'ai trouvées au fond de moi pour m'en sortir. Nous avons réussi à nous évader grâce à une solidarité sans faille et beaucoup d'abnégation. Vian Dakhil ou Dakhil Osman nous donnent la force de nous battre.

Je vais mieux maintenant. Je vais me tourner vers l'avenir. Je vais renaître. Mais je veux que le monde sache la vérité sur le drame des femmes yézidies. Je ne suis pas une politique, juste une campagnarde. Je suis une jeune femme ordinaire à l'humanité niée par des hommes se réclamant de Dieu. Les violeurs de l'État islamique affirment suivre l'exemple de leur prophète. D'après eux, des textes sacrés justifient leur comportement. Des versets du Coran auraient valeur d'exemple. Ils disent : « Le prophète Mahomet se comportait ainsi bien avant nous. » Abou Moussa avait déjà une femme, pourquoi en prendre une autre et avoir des relations sexuelles sans amour avec une deuxième épouse ? Ces gens ont la haine en eux. Face à eux, nous nous devons de ne pas être passifs.

Si je cache mon histoire, qui la racontera ? Si je masque la vérité, je deviens complice des crimes de Daech.

Walid dit que témoigner m'honore au lieu de me déshonorer.

Ce livre est ma façon de combattre. Il m'a rendue plus forte.

Postface
PAS DE SYMPATHIE POUR LE DIABLE

par Thierry Oberlé

> « Si vous me rencontrez, ayez un peu
> [de courtoisie
> Ayez un peu de compassion et de bon goût
> Utilisez toute votre politesse bien apprise
> Ou je jetterai votre âme aux ordures
> Enchanté de vous connaître,
> J'espère que vous devinez mon nom. »
>
> The Rolling Stones,
> « Sympathy For The Devil ».

J'ai rencontré Jinan un après-midi de novembre 2014 dans une bourgade yézidie du Kurdistan irakien grossie par l'afflux des réfugiés. Assise en tailleur, elle se tenait droite et racontait sans détour, d'une voix triste et fluette, son parcours de « butin de guerre ». La jeune femme avait les traits tirés. Elle disait sa détresse avec ses mots de fille de la campagne. Son regard éteint m'intriguait. Elle baissait souvent ses yeux bruns, mais une lueur indéfinissable brûlait au fond de ses prunelles. Son visage semblait ravagé par une souffrance intérieure. Ses quelque douze semaines de captivité l'avaient assurément vieillie. Elle paraissait avoir environ trente-cinq ans. Elle en avait dix-huit. Jinan se plaignait de ne pouvoir fermer les yeux « sans voir les monstres ». Elle était entourée durant l'entretien de Walid et de sa belle-mère. La bienveillance de son mari m'avait étonné. Jinan ressemblait à ce qu'elle était : une rescapée de crimes de guerre.

En la quittant, je me demandai comment elle avait pu trouver la force pour résister, dans quelles ressources elle avait bien pu puiser pour échapper à ses tortionnaires.

En septembre, en longeant la ligne de front sur plus d'un millier de kilomètres et en y voyant les forces kurdes déployées face à l'État islamique, j'avais pu mesurer l'étendue des dégâts causés par l'offensive estivale de l'État islamique contre les minorités. J'avais traversé le pays des palmeraies de la frontière iranienne jusqu'aux champs de pétrole du Kurdistan syrien. À l'arrière, d'Erbil à la frontière turque, les parcs municipaux, les jardins des églises et les immeubles en construction des villes étaient submergés par les déplacés. Des centaines de milliers de chrétiens et de yézidis vivotaient dans des camps dans les régions kurdes de l'Irak, de la Syrie et de la Turquie. Ils y sont toujours.

L'État islamique s'est livré dans le nord-ouest de l'Irak à un nettoyage ethnico-religieux de grande ampleur. Les zones conquises en juin et en août 2014 ont été vidées de leurs habitants non arabes et non sunnites dans le but de redessiner les frontières héritées du début du XXe siècle. Les djihadistes ont l'ambition de créer dans le Croissant fertile du Moyen-Orient un État transnational religieusement pur, un califat mésopotamien qui irait de Bagdad à Damas. Pour y parvenir, l'État islamique use de ses armes de prédilection : la terreur et l'ultra-violence.

Les combattants islamistes ont réservé un sort particulièrement cruel aux femmes yézidies. Des milliers d'entre elles ont été violées, vendues, réduites en esclavage. En septembre, à Derik, en Syrie, puis à Dohouk, au Kurdistan, j'avais rencontré, avec Christophe Boltanski, un confrère français du *Nouvel Observateur*, des proches de prisonnières qui avaient reçu des appels téléphoniques passés en cachette depuis leur lieu de détention. Mais c'est à Paris, en écoutant France Info, que j'ai entendu les premières bribes de récits de femmes échappées des prisons de Daech.

Je suis revenu pour enquêter deux mois plus tard. À Erbil, la capitale du Kurdistan irakien, j'ai rencontré Ido Baba Cheikh, frère du guide spirituel de la communauté yézidie. Cet ex-conseiller de l'ancien président irakien Jalal Talabani s'impliquait avec son épouse dans l'aide aux prisonnières évadées.

Noori Abdulrahman, un responsable du gouvernement, m'avait donné des numéros de téléphone de jeunes filles qui accepteraient de témoigner sous couvert d'anonymat. Avant de me lancer sur leur piste, nous avons tourné en voiture dans les faubourgs d'Aïnkawa, la grande ville chrétienne du Kurdistan, à la recherche des déplacés. Nous étions en compagnie de Saber, le chauffeur, Saïd, l'interprète, et Émilien, le photographe. Au bout d'un chemin de terre, nous sommes tombés par hasard sur un adolescent yézidi. Nous lui avons posé quelques questions. Orphelin de père, le gamin avait installé sa mère et ses jeunes frères et sœurs dans une masure après avoir fui le Sinjar. Il nous a mis en contact avec Jinan, par l'entremise d'une de ses connaissances.

J'ai commencé la série d'entretiens par Jinan, puis j'ai rencontré d'autres victimes dans des hangars, sous des tentes, dans des centres de réfugiés, ou dans des chambres de villas de particuliers transformées en foyers d'hébergement pour familles nombreuses. J'ai appris à connaître le petit peuple des fugitives.

Je me suis tout de suite tourné vers Jinan lorsque le projet d'un livre a vu le jour. Elle m'avait raconté son histoire timidement, avec une pudeur sincère. Il est peu aisé de raconter à des inconnus comment on devient la prise de guerre d'une bande de fanatiques religieux doublés de frustrés sexuels. Saïd l'a longuement interrogée et écoutée.

À mon retour au Kurdistan, au printemps 2015, elle se remettait lentement de ses épreuves et parlait de renaissance. Sa santé était toujours fragile, mais ses yeux pétillaient désormais de malice.

Jinan est sauvée, mais des milliers de yézidies sont toujours prisonnières en Irak, en Syrie et même en Arabie saoudite, où certaines d'entre elles ont été vendues. La rafle de milliers de femmes, le massacre des hommes comme celui commis aux abords du village de Kocho, ne peuvent être considérés comme des épisodes sanglants parmi d'autres relevant des affrontements interconfessionnels qui endeuillent le Moyen-Orient. L'Irak est, certes, depuis des décennies une terre de sang, mais une tragédie unique et singulière a eu lieu dans les territoires du Sinjar.

En mars 2015, l'ONU a établi que les combattants de l'État islamique commettent en Irak un génocide contre la minorité irakienne yézidie, ainsi que des crimes contre l'humanité et des crimes de guerre.

Ces crimes sont théorisés et assumés par les nettoyeurs de l'organisation du calife autoproclamé Abou Bakr al-Baghdadi. Pour ces hommes, l'esclavage sexuel est une arme de terreur politique parmi d'autres. L'État islamique s'est donné pour mission d'éradiquer les « mécréants » et les « apostats ». L'organisation fait ce qu'elle dit et revendique ce qu'elle fait. Son credo fondamentaliste est d'une radicalité absolue.

La pratique est légitimée dans le numéro 4 de l'édition anglaise de *Dabiq*, magazine officiel de la propagande de l'État islamique à l'élégante mise en page, destiné au public occidental. L'article mis en ligne en octobre 2014 est intitulé « Le retour de l'esclavage avant la dernière heure ». En voici des extraits :

« En conquérant la région de Sinjar dans la province de Ninive, l'État islamique a fait face à une population de yézidis, une minorité païenne existant depuis des siècles dans des régions d'Irak et du Levant. Les musulmans doivent remettre en question l'existence continue de cette minorité, car ils auront des comptes à rendre à l'heure du Jugement dernier. »

L'auteur poursuit en rendant hommage aux précurseurs philippins du groupe Abou Sayyaf et aux Nigérians de Boko Haram qui ont enlevé, en avril 2014, deux cent soixante-quatorze lycéennes à Chibok.

« Il s'agit probablement de la première mise en esclavage à grande échelle de familles païennes depuis l'abandon de la loi de la charia. Le seul autre cas connu – quoiqu'à une échelle beaucoup plus petite – est celui de l'asservissement des femmes et des enfants chrétiens aux Philippines et au Nigeria par les moudjahidin locaux. Les familles yézidies asservies sont désormais vendues par les soldats de l'État islamique, tout comme furent vendues avant elles les familles païennes par Mahomet et ses compagnons. Les femmes et les enfants yézidis capturés ont été partagés, conformément à la charia, entre les combattants de l'État islamique ayant participé aux opérations de Sinjar, après qu'un cinquième des esclaves a été transféré aux autorités de l'État islamique pour être distribué comme *khums* [historiquement, obligation islamique faite à l'armée de soldats de verser aux autorités une taxe, correspondant au cinquième du butin de guerre pris aux infidèles lors d'une campagne militaire]. »

Les musulmans en désaccord avec ces pratiques sont accusés d'être de mauvais croyants : « Avant que Satan ne sème le doute chez les faibles d'esprit et de cœur, il faut rappeler que l'asservissement des familles des *kouffar* [mécréants] et la capture de leurs femmes comme concubines sont des éléments de la charia fermement établis ; ceux qui le nient ou s'en moquent se trouvent à renier ou à se moquer des versets du Coran et des narrations du comportement du Prophète. »

Enfin, *Dabiq* puise dans des arguments « moraux », comme la lutte contre l'adultère, pour justifier l'esclavage considéré comme bienvenu, car il protège du péché :

« Plusieurs savants contemporains ont mentionné que la cessation de la pratique de l'esclavage avait conduit à une augmentation du *fahishah* [adultère], car l'alternative au mariage respectant la charia n'était pas disponible. Ceci est également une conséquence de l'abandon du djihad. »

L'État islamique place ainsi, de manière quasi institutionnelle, la violence sexuelle exercée contre les femmes au cœur de son idéologie.

À la revendication, pleine et entière, de crimes s'ajoute la préméditation. « Des vidéos comportant des menaces contre les yézidis avaient été postées par des membres de l'État islamique sur Internet avant le début de l'opération de nettoyage. Elles annonçaient froidement ce qui allait advenir », note Falah Hassan, chef du bureau des enquêtes de la mission de Dohouk.

Le policier kurde doute toutefois de la véracité de certaines photos diffusées sur la Toile, montrant des femmes en *burqa* aux membres entravés, vendues sur les places publiques de Mossoul.

« Ces documents non authentifiés me laissent sceptique. Daech aurait pu tenir un bazar à ciel ouvert, accessible à tous les consommateurs, mais cela n'aurait pas été dans son intérêt. Pour cette organisation terroriste, le commerce des femmes est un business presque comme les autres, à cette différence près que les esclaves sont des récompenses réservées en priorité aux membres de l'État islamique. »

Dans ce système, les recrues occidentales de l'État islamique figurent parmi les bénéficiaires du trafic, mais leur implication dans des viols est difficile à établir. « Les prisonnières reconnaissent les étrangers à leur physique ou à leur accent, mais elles connaissent rarement la nationalité de leurs agresseurs. Et puis, beaucoup de combattants sont originaires de la région. Leurs complices sont parfois des voisins. Comme souvent dans les guerres, les masques tomberont après les hostilités », explique Falah Hassan. « Nous avons des Tchétchènes, des Turcs, des Occidentaux, mais pas d'Européens formellement identifiés », complète le juge Mustapha Ayman, magistrat de la Commission sur les crimes contre les yézidis établie à Erbil.

Selon un rapport du Sénat français datant de mars 2015, 1 500 Français auraient rallié l'État islamique ; parmi eux, 294 hommes seraient actifs dans les zones de combat. Peu auparavant, l'Administration américaine estimait à 20 000 le nombre de combattants étrangers ayant gagné les rangs de Daech – 22 000, selon un rapport de l'ONU d'avril 2015 –, en provenance de 90 pays, ce qui est proprement inédit par rapport aux autres grands conflits qui avaient attiré des étrangers (Afghanistan et Pakistan, Irak, Yémen ou Somalie). Au titre des bataillons européens de recrues, on décompterait 600 Britanniques, 600 Allemands, 450 Belges, 250 Hollandais, 100 Espagnols, 200 Suédois, 150 Autrichiens, 80 Italiens, 70 Finlandais, 30 Irlandais... Et environ 150 Américains venus des États-Unis et 30 Canadiens.

Des chiffres à mettre en parallèle avec d'autres chiffres fournis par les Nations unies. Selon l'ONU, entre 3 000 et 5 000 femmes d'origine yézidie ont été réduites en esclavage.

L'Irak compterait, au total, environ 500 000 yézidis installés au Kurdistan irakien ou dans la région du Sinjar, sur des territoires que se disputent le pouvoir central irakien et le gouvernement du Kurdistan autonome. Plusieurs centaines de milliers d'entre eux – 200 000 selon les Nations unies – sont aujourd'hui des « déplacés ».

Pour les yézidis, l'histoire se répète. La communauté a subi, dans le passé, de nombreux épisodes de répression. Au XIXe siècle, des massacres perpétrés par les pachas de l'Empire ottoman provoquaient des migrations vers le Caucase, où les descendants des exilés forment des communautés en Arménie, en Géorgie et en Russie. Durant le génocide arménien de 1915, des dizaines de milliers de chrétiens se réfugièrent dans le *djebel* Sinjar. Les yézidis refusèrent de les livrer aux Turcs. En février 1918, défaits par l'armée de l'Empire ottoman à l'issue de rudes combats, les combattants yézidis rejoignirent les Arméniens survivants dans la montagne avant que tous ne soient délivrés par les Britanniques.

Marginaux parmi les marginaux, les yézidis se sont isolés, au fil des siècles, du reste du monde pour se prémunir de l'intolérance religieuse. Ils croient en la réincarnation et refusent tout prosélytisme. Les pogroms leur ont appris l'art de l'esquive et de la dissimulation. Les arcanes de leur histoire et de leurs croyances restent nébuleux. L'explication de leurs rites et de leur origine donne lieu à des interprétations contradictoires. Par exemple, les yézidis ne mangent pas de laitue, car Satan y résiderait, mais la genèse de ce tabou varie selon les interlocuteurs. Ils se tournent vers le soleil pour prier, mais ils n'adorent pas l'astre et n'accordent d'ailleurs pas une importance déterminante à la prière.

Religion monothéiste, le yézidisme remonte à la nuit des temps. Il s'est élaboré à partir du mazdéisme né en Iran antique voici quatre mille ans, du culte de Mithra qui se propagea jusqu'à Rome et du zoroastrisme prophétisé par Zarathoustra. Au XIIe siècle, un mystique soufi, cheikh Adi, réforma ce syncrétisme, qu'il accommoda à un environnement musulmano-chrétien. Malek Tawus, l'Ange Paon, en est la figure principale. Il est le plus vénéré d'une galerie de sept anges. Deux livres sacrés, le Livre des révélations et le Livre noir, décrivent la création de l'univers et celle des Anges, ainsi que les relations entre Malek Tawus et ses adeptes. Gardés secrets, ces documents ont été dévoilés tardivement. « Ce n'est que dans les années 1930 que des érudits kurdes ont eu accès à des versions en arabe de ces ouvrages et que des extraits ont circulé en France », explique Kendal Nezan, directeur de l'Institut kurde de Paris.

Le père Najeeb Michaeel, religieux de la mission dominicaine de Mossoul formé dans les universités françaises, s'est penché sur ces textes. Il prépare une thèse de doctorat à l'université de Fribourg en Suisse consacrée à l'« étude comparative des livres saints yézidis et de l'Ancien Testament », travail de recherche qu'il a mis entre parenthèses pour se consacrer à l'aide de ses coreligionnaires, réfugiés au Kurdistan irakien. Pour le père Najeeb, les yézidis « pratiquent une religion de cœur et non pas de papier. Leur foi se transmet oralement de génération en génération ». Le religieux entend avec son travail tordre le cou aux idées stéréotypées : « Je veux prouver qu'ils sont des adorateurs de Dieu tout en respectant le diable. Ils se méfient de Satan et le tiennent à distance en le respectant », dit-il.

Les yézidis ont la réputation d'avoir de la sympathie pour le diable. C'est que, quand les musulmans maudissent sans cesse le nom de Satan, les yézidis refusent de le prononcer. Pour eux, Dieu n'a pas de rival, et donc le diable n'existe pas.

En revanche, le mal est présent dans le cœur des hommes et c'est à ces derniers de faire le bon choix, à l'instar de Malek Tawus. Dieu l'ayant laissé libre de privilégier le bien ou le mal, il opta pour le bien. « Les yézidis ne diabolisent pas le diable. Voilà pourquoi ils sont diabolisés », résume en une jolie formule Kendal Nezan. « Les yézidis sont partis d'une contradiction des religions monothéistes : comment Dieu qui est infiniment miséricordieux et clément peut-il déchoir pour l'éternité Satan, son ange préféré, qui a désobéi une fois ? »

Cette religion de l'évitement a toujours intrigué les Occidentaux.

En France, l'assyriologue Joachim Menant leur avait consacré un livre paru en 1892 sous le titre *Les Yézidis. Épisodes de l'histoire des Adorateurs du Diable*, réédité récemment. L'orientaliste n'est pas franchement emballé par leur foi. « Leur culte se réduit à des cérémonies bizarres dont la simplicité fait tout le mystère, laissant à l'imagination de ceux qui veulent les pénétrer toute latitude pour expliquer ce qu'elles peuvent couvrir au fond, lorsque, en réalité, elles ne cachent absolument rien. » Il salue l'« honnêteté » de ces gens de peu et déplore déjà les violences qu'ils subissent : « Les Yézidis vivent en bonne intelligence avec les adhérents de toutes les religions, au milieu de ces populations fanatiques qui n'ont pour les sectes dissidentes que l'outrage d'abord, la persécution ensuite, et pour le dernier argument, la guerre et le massacre. »

Passionnée d'archéologie, la romancière Agatha Christie les a, pour sa part, côtoyés dans les années 1930 avec son mari, l'archéologue britannique Max Mallowan, sur les chantiers de fouille de sites préislamiques. Elle loue leur gentillesse et leur consacre plusieurs pages dans *Mes aventures au Moyen-Orient* :

« Ce sont des gens curieux et singulièrement doux, et leur culte de Satan relève surtout de l'expiation. D'ailleurs, ils croient que ce monde a été placé sous la tutelle du Diable par Dieu en personne et qu'à l'ère satanique succédera l'ère christique. Ils reconnaissent Jésus en tant que prophète, mais pensent que son heure de gloire n'est pas encore arrivée. Le nom de Satan, ou tout ce qui s'y rattache, ne doit jamais être prononcé »...

Les voyageurs pressés ont en revanche entretenu les mythes sulfureux véhiculés par les racontars de voisins médisants. On trouve des traces de cet imaginaire dans la littérature fantastique de l'écrivain américain Howard Phillips Lovecraft et au cinéma avec *L'Exorciste* de William Friedkin, sorti en 1973 – un film-culte qui commence par des séquences tournées dans la ville de Sinjar et sur le site archéologique de Hatra, près de l'ancienne Ninive, pillé et mis en ruine par l'État islamique en mars 2015. Le père Lankester Merrin, interprété par Max von Sydow, découvre en pays yézidi une étrange statuette ailée aux pouvoirs maléfiques, le démon assyrien Pazuzu, qui prend possession du corps d'une adolescente américaine…

Profondément ancrés dans les mentalités de la région, les préjugés circulant sur les yézidis ont viré à la haine à la faveur de la résurgence du fondamentalisme musulman. Les épurateurs islamistes se sont revendiqués de Dieu pour détruire les « adorateurs du diable ». Leur hargne vient de loin. Lorsque Jinan est capturée sur une route irakienne, un djihadiste lance : « On vous cherche depuis des centaines d'années et vous voilà enfin ! »

Chassés de leurs terres, les yézidis ont reconquis leurs montagnes grâce aux bombardements de l'aviation de la Coalition et à l'engagement des factions kurdes, mais le combat contre l'État islamique n'est pas gagné. Daech n'est pas un feu de paille, mais un incendie qui ravage de l'Euphrate au Tigre le pays de Cham. Un retour à la paix ne signifiera pas pour autant la fin des tourments des anciennes esclaves de Daech.

« Nous avons des cas, peu nombreux, de jeunes filles qui se sont suicidées après leur libération parce qu'elles ont été violées. Sont considérées comme jeunes filles exploitables sexuellement les fillettes à partir de l'âge de dix ans. 90 % des jeunes filles ont subi des violences sexuelles. Certaines, tombées enceintes, sont prises en charge discrètement dans les hôpitaux », rapporte Gulistan Rachid, la psychologue de la Commission d'enquête.

Humiliées et honteuses, les « revenantes » doivent surmonter la méfiance d'une société où le viol est une tache indélébile. « Il y aura sans doute un problème social avec les femmes qui ont été victimes de Daech, qui ont été violées et qui retournent chez elles, dans leur famille pour certaines, mais aussi dans les relations de voisinage », estime Kendal Nezan, le directeur de l'Institut kurde de Paris. « Elles seront considérées comme flétries, c'est pourquoi il est nécessaire de les faire sortir des camps de réfugiés pour qu'elles puissent recommencer leur vie en Europe. La région du Bade-Wurtemberg en Allemagne a mis en place un programme et les Suédois pourraient suivre le mouvement. » Ces initiatives sont d'autant plus indispensables que les agences de l'ONU et les autorités régionales ne sont pas en mesure de fournir sur le terrain les soins et le suivi psychique et social dont les anciennes captives ont besoin. La résilience des « revenantes » et leur capacité à bâtir une nouvelle vie seraient pourtant autant de victoires remportées sur les djihadistes.

T. O.

Table des matières

Cet ouvrage a été imprimé en France
par CPI Bussière
à Saint-Amand-Montrond (Cher)
en septembre 2015

PAPIER À BASE DE
FIBRES CERTIFIÉES

Fayard s'engage pour l'environnement en réduisant l'empreinte carbone de ses livres. Celle de cet exemplaire est de :
0,700 kg éq. CO_2
Rendez-vous sur
www.fayard-durable.fr

10-8014-7/04
Dépôt légal : septembre 2015
N° d'impression : 2018334